ESTÁS BIEN CUANDO ERES TÚ

BLANCHOAK

Estás bien cuando eres tú

NUBE **DE TINTA**

Primera edición: mayo de 2019
Primera reimpresión: junio de 2019

Travessera de Gràcia, 47-49. 08021 Barcelona

Printed in Spain – Impreso en España

ISBN: 978-84-17605-08-7
Depósito legal: B-7.653-2019

Compuesto en La Nueva Edimac, S. L.

Impreso en Romanyà Valls, S. A.
Capellades (Barcelona)

NT 0 5 0 8 7

Penguin
Random House
Grupo Editorial

A vosotros,
A los que os han dicho que no erais suficiente
A los que os han intentado engañar
A los que lo habéis conseguido
A los que sobrevivís
A los que gritáis de vez en cuando
A los que lucháis día a día
A los que creéis que sois débiles
A los que vivís
A los enamorados
A los que deseáis enamoraros
A los que sabéis querer
A los que no
A los rencorosos
A los que perdonáis
A los que lloráis en silencio
A los orgullosos
A los que tenéis miedo
A los que estáis llenos de cicatrices
A los negros, blancos, amarillos y azules
A los gais, lesbianas, heteros, trans, bi
A los racistas y también a los homófobos
A los de Marte, Júpiter y Saturno
A los de Plutón

BIENVENIDOS

BLANCHOAK BOOK

Inspiración

Estímulo o lucidez repentina que siente una persona y que favorece la creatividad, la búsqueda de soluciones a un problema, la concepción de ideas que permiten emprender un proyecto, etc.
Especialmente, la que siente el artista y que impulsa la creación de obras de arte.

Sinónimos

ILUMINACIÓN, ARREBATO, ENTUSIASMO, MUSA, VENA, EXCITACIÓN.

¿QUÉ SIGNIFICA BLANCHOAK?

Eres tú

«Deberías centrarte en estudiar y dejar tu *hobby* para los ratos de ocio, porque eso es lo que es: un *hobby*.»

¿Cuántas veces has escuchado esta frase o alguna similar?

¿Cuántas veces te han dicho que lo primero es «lo que está estipulado», lo que «se supone que tiene que ser» y que, ya si eso, lo segundo sea lo que tú quieres realmente?

Hoy en día, «lo normal», lo que se espera de nosotros es que estudiemos durante muchos años con el fin de encontrar un «buen trabajo» para ganar mucho dinero.

Comprarnos una casa, un coche, casarnos, tener una familia y «vivir felices» para toda la vida.

C'est fini.

Pero tienes que estudiar algo que, se supone, «tenga futuro». Aunque no te guste.

Eso no es importante.

Si no, ¿de qué vas a vivir?

Levántate todos los días a las siete de la mañana, coge tu nuevo coche y vuelve de nuevo a esa oficina, como cada día, con las pocas ganas de siempre.

Pese a que no te llene lo que estás haciendo y desees que llegue el fin de semana para hacer lo que verdaderamente te gusta, no te preocupes, se supone que lo estás haciendo bien.

Te encontrarás a gente que hace mucho tiempo que no ves y te preguntarán si al final seguiste con la carrera, si por fin te has casado y te has comprado ese coche, una casa…

Como si la vida fuese una lista de la compra. Y siempre se nos olvida la pregunta más importante…

¿Eres feliz?

Y en el momento en que te hagas esa pregunta, entenderás que igual sea mejor tener menos dinero en la cuenta y vivir cada día como si fuese un fin de semana.

Sé lo que quieras ser, no lo que esperan que seas.

Impulso

Me siento perdida.

No encuentro mi rumbo, no sé adónde ir, ni cómo hacer para saberlo.

Si me preguntaran ahora mismo «¿Cómo te describirías?», no sabría qué responder.

Pues me siento vacía.

No sé dónde está la chica que se comía el mundo cada vez que pisaba la calle, la que tenía ganas de vivir la vida al máximo y la energía necesaria para hacerlo.

Tengo mil pensamientos y proyectos rondando mi cabeza, pero…

¿Qué me está impidiendo ejecutarlos?

Siento rabia por no saber ni por dónde empezar.

Ahora mismo soy debilidad en estado puro, me tocas en el momento menos indicado y te juro que me rompo.

Siento cansancio y, de verdad, me quedaría encerrada todo el tiempo que pudiera, durmiendo, para no tener que soportar nada.

En sueños soy feliz, y si me encuentro con una pesadilla, vuelvo a la de la realidad.

Echo de menos esa felicidad que sentía hace un año, cuando todo era intenso a la par que bonito.

Ahora, las peleas, las presiones, las inseguridades, la obsesión... han podido conmigo.

Conmigo, que me creía la más fuerte.

Hoy mi felicidad ya no depende de mí.

Depende de esa persona que en cada movimiento que haga marcará mi estado de ánimo.

Me siento atrapada en una maldita partida de ajedrez.

Siento rabia hacia mí, hacia la gente que me presiona y cree que puede decirme lo que debería hacer.

Siento agobio. Siento miedo. Siento que no puedo expresarme como debería.

Siento que nadie valora lo que hago. Siento que lo de «ser tan buena» quizá no es tan bueno.

Siento que me hundo.

Pero ¿cómo acabar con esto?

Prometo que hoy va a ser un día para recordar. Para recordarme quién soy y quién he sido siempre.

Voy a sacar la fuerza hasta de debajo de las piedras y voy a empoderarme porque sí, soy consciente de que esto es solo una mala racha.

Y a mí nadie me para.

Voy a salir a la calle y pienso comerme el mundo mejor que lo hacía antes, voy a disfrutar todo lo que pueda y más.

Pienso ponerme a cantar como una loca en medio de la calle, a bailar bajo la lluvia, a reírme a carcajada limpia y a lograr todo lo que quiero y más.

Solo estoy cogiendo carrerilla…

¿Estáis preparados?

Ya salgo.

Quien bien te quiere...

¡Qué bonito es estar rodeados de gente que te hace crecer!

De gente que suma y nunca resta.

Esas personas con las que puedes ser totalmente tú, transparente, sin importar el qué dirán.

Con las que compartes sueños e ilusiones, pero también tristeza y llanto.

Esas que merece la pena preservar toda una vida.

«Quien bien te quiere te hará llorar», dicen.

Nunca he entendido muy bien esta frase.

Para mí:

Quien bien te quiere te respetará.

Quien bien te quiere te valorará.

Quien bien te quiere entenderá tu libertad.

Quien bien te quiere no tiene envidia de ti.

Quien bien te quiere te enseñará todo lo que tú no sepas.

Quien bien te quiere estará en tus momentos más difíciles.

Quien bien te quiere te cogerá el teléfono a las cinco de la mañana cuando vayas piripi.

Quien bien te quiere te dirá que esa persona que te está mareando no vale una mierda.

Quien bien te quiere te criticará de frente y te defenderá por la espalda.

Quien bien te quiere te querrá con celulitis, estrías, michelines o pellejos.

Quien bien te quiere te escuchará e intentará entenderte.

Quien bien te quiere te aconsejará el mejor *outfit* para que destelles allá por donde pases.

Quien bien te quiere no permitirá que sufras por quien no lo merece.

Quien bien te quiere te cuidará el día que tenga mucha faena y tú mucha fiebre.

Quien bien te quiere será capaz de recorrer el mundo entero con tal de verte bien.

Pero, oye, si quien bien te quiere te va a hacer llorar de risa, estoy totalmente equivocada.

Levántate

Te voy a ser muy sincera.

El camino no va a ser fácil. Y mejor que no lo sea: lo fácil acaba aburriendo.

Vas a equivocarte, y mucho.

Te aseguro que no hay mejor manera de aprender.

Prepárate porque te caerás tropecientas veces, y cada vez que te levantes serás un poquito más fuerte.

Mira la parte buena, algo sacarás de cada herida.

Pero por mucho que te caigas, no puedes permitirte dejarlo todo, mandarlo todo a la mierda, aunque en muchas ocasiones ganas no te falten.

Te voy a recordar algo que quizá a veces se te olvida.

Vida solo hay una y, si no la aprovechas, ¿para qué estás aquí?

Todos tenemos una «misión» en este mundo.

Quizá aún no sabes cuál es la tuya. Entonces, céntrate en descubrirla. Pero no te rindas.

Compite día a día contigo mismo.

Ponte metas. Y si el plan que llevas no funciona, cambia el plan, pero nunca la meta.

Porque qué bonito es verte crecer, ver cómo pasito a pasito te empoderas y coges con fuerza el timón de tu vida y miras al frente con ganas e ilusión.

Como pasar de verte en el suelo a verte en la cima de esa montaña, esa que creías que jamás podrías escalar.

Cada paso marcará la diferencia, cada minuto será uno menos para llegar hasta donde verdaderamente quieres.

Así que deja de quedarte en la cama lamentándote de todo lo que te está pasando y lo que aún te queda por pasar.

Tómate el tiempo que necesites, te lo mereces.

Pero permítete el lujo de ver cómo lo intentas y la incertidumbre de ver si lo consigues.

Tu sueño puede que esté a la vuelta de la esquina.

Sal a buscarlo.

Lo que es para ti te acabará encontrando.

El puente

Vivo mi vida improvisando cada instante, cada momento, cada acción.

Voy siguiendo un camino lleno de niebla y, no sé, pero diría que a veces me desvío.

Sé que tengo lo que necesito más cerca de lo que pienso.

Pero no consigo verlo, y mucho menos valorarlo como debería.

Ahora ya es demasiado tarde.

Me quema por dentro no haberte dicho nada cuando podía hacerlo.

No tener el valor de gritar a los cuatro vientos que te quiero y que eres todo lo que necesito.

Tampoco puedo admitir todos los errores cometidos y todo el daño hecho.

Ya sabes, mi orgullo va por delante.

Créeme, tú lo superarás.

En cambio, yo viviré el resto de mi vida con el remordimiento de haberme quedado de brazos cruzados mientras veía que te ibas para siempre.

Y me encuentro aquí, en nuestro sitio, solo y sin decir nada.

Ojalá pudiera tener el valor de ir a por ti y poder decirte alguna palabra.

Pero ya es tarde.

Te dejé marchar cuando era lo último que necesitaba, y te convencí de que era lo mejor para ambos y lo que principalmente yo quería.

Mi «ya no te quiero». Tu «ya no puedo con esto». Nuestro fin.

Aún no entiendo cómo pude mentirte tan bien.

Llevo observando tu camino desde hace muchos meses.

Tu niebla se ha esfumado y, a lo lejos, te puedo ver a ti, tan feliz como siempre cruzando un enorme puente, ese del que me hablabas con tanta ilusión.

Hoy por hoy sigo intentando buscar mi puente, el puente que me saque de aquí.

Me te voy a querer toda la vida

Te quiero, te quiero mucho.

Pero más me quiero yo, y eso va a ser así siempre.

Yo he estado conmigo en todos los momentos importantes y difíciles de mi vida.

Me he visto crecer, me he visto llorar, me he visto fallar, me he visto rectificar, me he visto perder, me he visto ganar, me he visto amar y, sí, he de reconocer que alguna vez me he visto odiar.

Me ha costado mucho esfuerzo de tiempo y conciencia llegar a pensar de esta forma.

Y no sabes lo bien que sienta.

Primero voy yo, y luego, el resto.

Estamos acostumbrados a querer mucho a nuestros novios o novias, a nuestra familia, a nuestros amigos y, oye, así ha de ser.

Pero ¿y si nos queremos un poquito más a nosotros mismos?

Desde que aprendí a disfrutar del tiempo conmigo soy otra persona.

A veces soy mi mejor amiga y otras me caigo fatal.

Pero de eso se trata, ¿no?

Al menos una vez al mes, en lugar de quedar con mis amigos, quedo conmigo misma.

Me levanto a la hora que quiero y me pongo monísima para bajar a desayunar un café y una napolitana de chocolate en la terraza de mi cafetería favorita, con mi libro favorito.

En cuanto termino, cojo el coche y me voy a la playa.

Como de costumbre, paso un largo tiempo buscando aparcamiento.

Una vez en el paseo marítimo, me pongo mis auriculares, mi música a tope y me creo Beyoncé cantando *Crazy in love*... ¡Me encanta!

Se me hace la hora de comer sin darme cuenta y voy a comerme una paella en el chiringuito más mono que encuentro.

Normalmente, siempre hay familias y turistas que me miran en plan: «¿Qué hace esa tía con una paella para ella sola y coreando *Malamente*?

Sí, no me quito los auriculares ni para comer.

Con el estómago a punto de explotar, me voy a mi centro comercial favorito y... «ROPA, ZAPATOS..., ¡VENID A MÍ!».

En números rojos, es hora de volver a casa.

Una buena ducha y una peli guay para acabar este maravilloso día.

Prueba a hacer algo así, al menos una vez al mes, y me cuentas.

¡Buenas noches!

60 Segundos

Supongo que ahora te encontrarás en la cama antes de dormir, o en el sofá después de comer, o, quién sabe, en el metro o el autobús, leyéndome.

Quizá llevas un día agotador o igual es tu día de descanso.

Puede que estés muy contento o extremadamente decaído.

Es probable que tengas cosas más importantes que hacer que estar leyendo esto ahora.

¿Sabes lo que te puede cambiar la vida en un solo segundo?

Únicamente se necesita un simple minuto para que tu vida dé un giro de 180 grados. Un solo minuto.

¿No te parece alucinante?

Pero nunca sabes si te puede cambiar para bien o para mal.

Quizá te toca la lotería o encuentras el trabajo de tus sueños o, algo mejor, el amor de tu vida.

O, al contrario, te despiden, tu maravillosa relación termina o algo peor, te detectan una enfermedad.

BIENVENIDOS A LA VIDA

Deseamos vivir siempre felices, sin problemas, sin dolores de cabeza.

Evitamos con ansia estar tristes, llorar, sentirnos mal…

Supongo que es algo normal, una forma de supervivencia y de protección propia.

Pero si estuviésemos felices siempre, las veinticuatro horas del día, todos los días del año.

¿Valoraríamos esa felicidad?

Sin tristeza, no existiría la felicidad, lo mismo que sin felicidad no existiría la tristeza.

Van atados de la mano. Curioso, ¿a que sí?

La felicidad absoluta es inexistente, nadie es feliz al cien por cien.

Quizá la clave está en aprender a disfrutar de la tristeza.

Es lo mejor si tenemos que vivir a ratos con ella, ¿no?

Estamos acostumbrados a mostrar lo bien que nos va todo siempre, lo feliz que nos hace nuestra pareja, lo guapos y guapas que somos, los sitios *top* que visitamos, la ropa tan *cool* que nos compramos…

Podría tirarme así una página entera.

¿Qué está pasando? ¿Nunca estamos tristes?

Dejemos de sonreír tanto para la foto y sonriámosle más a la vida.

Te van a venir hostias por todas partes, vas a cabrearte, vas a frustrarte y vas a querer mandarlo todo a tomar por culo.

De repente, cuando menos te convenga, un contratiempo va a joderte tus planes y pensarás que todo te pasa a ti siempre.

Hay gente a la que quieres mucho que tarde o temprano tendrá que irse, y dolerá.

Momento de sacarlo todo.

Llorarás y estarás triste.

No acumules silencios.

Sigue llorando.

No sabes lo bien que lo estás haciendo.

De pronto, un día dejarás de llorar.

Todo pasa.

Y ya ha pasado.

Y en ese momento te darás cuenta de lo feliz que eres.

Estás aquí.

Solo necesitas tu minuto.

Ese minuto que lo cambia todo.

Mother world

Somos expertos en cagarla y volverla a cagar.

Nosotros, sí, los humanos.

Se supone que somos los animales más inteligentes del planeta.

Discúlpame, pero no creo que un ser tan inteligente pueda llegar a ser tan imbécil de destruir su propio mundo.

Y es que somos nuestra propia criptonita.

Alguien me dijo un día que los grandes males de nuestro tiempo son: la ignorancia y la indiferencia.

¿Os acordáis cuando éramos pequeños?

La manera en la que admirábamos las maravillas de las plantas, las flores y los árboles cuando nos explicaban cada una de sus partes.

Nos apasionaba poder tener animales en casa para cuidarlos, que siempre acababan convirtiéndose en uno más de la familia, y alucinábamos con los animales que no podíamos observar tan de cerca, esos que solíamos conocer por foto en los libros del colegio o por medio de vídeos y películas.

Y hoy:

¿Qué me dices de cuando miras un paisaje y puedes llegar a emocionarte?

¿Y de cuando empieza a llover y miras las gotas caer por tu ventana?

¿Y de las erupciones, terremotos, tornados y tsunamis?

Las sensaciones que nos puede llegar a generar la naturaleza son infinitas y sin ella no somos nada.

No somos nadie.

Sin todos sus recursos y elementos, sin todo lo que la hace tan perfecta, bonita y peligrosa.

Todo esto depende de nosotros.

Hemos de cuidarla y mimarla, para que siga siendo fuente de recursos y belleza, para que otros seres puedan convivir con nosotros en este complicado planeta en que habitamos.

Cuidemos la Tierra: es el único planeta con chocolate.

Persévérance

A diario vemos a muchísimas personas esforzándose por lograr sus sueños.

Músicos tocando en pequeños garitos o en el metro para empezar a ser conocidos en su ciudad, artistas exponiendo sus obras en galerías o redes sociales con el fin de hacerse un hueco en ese mundo, diseñadores acudiendo a desfiles... y miles de profesionales más que persiguen un objetivo.

A diario también escuchamos a gente que asume que hay personas que han podido llegar tan lejos porque han tenido la maravillosa suerte de tener… ¿Suerte?, bueno, y dinero, claro.

Lanzo una pregunta: para triunfar, ¿es necesario tener suerte y dinero?

Te invito a reflexionar unos minutos.

> CARME RUSCALLEDA: Cocinera catalana. Nacida en el seno de una familia de agricultores y comerciantes en Sant Pol de Mar. De niña, dio muestras de tener aptitudes artísticas, pero sus maestros desaconsejaron ese tipo

de estudios para ella. Empezó a trabajar en el negocio familiar, una charcutería. Años después, decidió ampliar el negocio: compró un inmueble cerca de la tienda y abrió un restaurante. Siendo completamente autodidacta, poco a poco fue cimentando su fama en un sector, el de los grandes chefs, que tradicionalmente había estado en manos de hombres. Hoy en día es considerada la mejor cocinera del mundo.

CARLOS MAGDALENA: Botánico. Nacido en Gijón. De abuelos granjeros y madre florista. De niño, devoraba las enciclopedias de botánica que encontraba. Su singularidad chocó con el sistema educativo de la época. Cuando tenía veintiocho años, murió su padre, rompió con su novia y expiró su contrato de trabajo. Decidió viajar a Inglaterra. Encontró trabajo en un restaurante de lujo y, gracias a sus conocimientos de horticultura, acabó de sumiller. Un día, en 2002, decidió coger el metro hasta el Real Jardín Botánico de Kew. Al llegar se sintió como en casa. Al volver, leyó en un periódico del metro un artículo titulado «La muerta viviente» en el que se relataba los intentos de los científicos por salvar una planta extremadamente rara. Él quiso verla. Consiguió que le recibiera un jefazo de Kew que leyó su currículo, aunque no le causó una gran impresión. Sin embargo, Carlos, de alguna manera, logró convencerlo de que sus conocimientos no encajaban en una hoja de papel y el hombre le dio una oportunidad. Él salvó a esa planta. Hoy en día es considerado el mesías de las plantas.

Desgraciadamente, estos dos personajes no lo tuvieron muy fácil, pero mira dónde están hoy.

¿Por qué tú no podrías hacerlo?

Puede que también hayan tenido suerte, claro, pero estoy segura de que no estaban esperando sentados en sus casas a que la suerte llamara a sus puertas.

Deja de quedarte de brazos cruzados lamentándote de que todo es muy complicado y borra esos pensamientos de abandono o desilusión.

Serás el mejor si luchas día a día por lo que quieres, si tienes ese objetivo claro, si confías en ti mismo y si dejas de tener ese absurdo miedo al fracaso.

Y no te conozco de nada, pero todos tenemos sueños. No sé cuál es el tuyo, pero sé que lo tienes.

Estos meses me encuentro escribiendo un libro y aún estoy que alucino.

No sé si va a salir bien, si va a gustar y si soy verdaderamente válida para hacerlo.

Pero lo estoy haciendo, y es un sueño. Es lo que me gusta. Estoy creciendo personalmente. Me encuentro ilusionada.

Puedo comparar la sensación que tengo últimamente con el día de Reyes cuando era pequeña, suena bastante absurdo, pero creo que no lo puedo describir mejor.

Imagínate esa sensación todos los días de tu vida.

Quiero que cojas un papel, el móvil, el ordenador, un calendario..., me da igual, lo que sea, y marques el día de hoy como el día en el que vas a empezar a luchar por todo lo que quieres, cueste lo que cueste y le pese a quien le pese.

Hoy es tu día, enhorabuena.

Quien la sigue, la consigue.

It's your turn.

El qué dirán

Vivimos en una sociedad bastante crítica.

Tendemos a opinar de todo y de todos, como si fuésemos el mismísimo jurado de un concurso de televisión cualquiera.

No abandonamos ese papel de jueces ni un solo día.

No hay día que no opinemos sobre algo o alguien. Ya sea de forma constructiva o destructiva.

Y, ¡ojo!, que opinar está muy bien. Afortunadamente, hoy en día podemos hacerlo sin temer a nada ni a nadie.

El problema está en las personas que basan su vida en las opiniones de los demás.

Parece que tengamos la necesidad de encajar perfectamente en el mundo, nos sentimos condicionados por los comentarios y la impresión que causamos a los demás.

Nos importa su opinión sobre nuestra forma de vestir, nuestra condición sexual, nuestros gustos, nuestro peso, el aspecto de nuestras parejas, nuestra cultura, nuestra forma de alimentarnos…; sobre absolutamente todo.

Y si no coincides con la mayoría de las personas, con la mayoría de sus cosas, se toman la libertad de tacharte de ser alguien raro, extraño.

No puedo ser muy objetiva hablando de «personas raras» porque para mí llamar a alguien «raro» es un halago.

Será que soy rara.

De alguna manera, hemos dejado de prestar atención a nuestras propias vidas para satisfacer las exigencias de la sociedad.

Con ello estamos renunciando a nuestra libertad.

Quien dedica su tiempo a mejorarse no tiene tiempo para criticar a los demás.

Viste, come, pesa, baila, actúa, sueña, grita, camina, recorre, sal, vive como a ti te dé la real gana.

Sé tú, en tu máxima autenticidad.

Sé feliz.

Lo que importa es lo que eres.

No hay nadie como tú, y ese es tu increíble poder.

Cuentos chinos

Cuando tú ibas, yo había ido, había vuelto y, con una copa de vino en la mano, me quedaba esperando a que vinieras a contarme unas cuantas mentiras más.

Mientras yo me estaba comiendo los mocos, y sí, también la cabeza, tú seguías sin darme ninguna señal.

Esperar desespera.

Y el no saber, aún más.

Sabía que había algo que me estaba perdiendo, tal vez mi cabeza entre otras muchas cosas.

Tú eras esa persona que asegurabas con gran veracidad que yo jamás debía preocuparme por absolutamente nada, porque la confianza es uno de los pilares más importantes en tu vida.

Tú jamás me engañarías. Con nada. Tú no eras «de esxs».

Y yo lo único que estaba haciendo era preguntarme cuán loca me estaba volviendo.

Escuchar tu palabrería barata estaba bien, pero para un rato.

Luego, a escondidas, te convertías en ese monstruo que jamás decías poder ser.

Afortunadamente, le estabas contando cuentos a quien sabía de historias.

Y al pillarte empecé a ser oficialmente «la loca».

Así creíste poder calificarme.

Hoy te doy la razón.

Estoy muy loca.

Loca de felicidad por haberte dicho con la boca bien abierta: «*Good bye, my lover!*».

Lo mejor de todo es que aún no te has cansado de atribuirte el papel de cuentacuentos.

Ahora me dices que lo sientes, me llamas llorando, me imploras que necesitas verme…

Y ahora soy yo la que te miente y no me siento mal por ello: es exactamente lo que te mereces.

Ahora no vengas a interrumpirme, lo siento, no estás en mis planes.

Siempre mencionabas que pretendía que mi vida fuese un cuento de hadas…

No te diste cuenta de que yo no buscaba un cuento con final feliz, sino ser feliz sin tanto cuento.

Deja de contarme cuentos, que ya me los sé.

Bye!

Chaos

La vida nunca dejará de ser caótica, una completa locura.

Nunca dejará de sorprendernos.

Y es que el caos es natural, es algo inevitable.

Siempre tendremos problemas, eventos inesperados, pérdidas, imperfección…

Estamos acostumbrándonos demasiado a buscar el orden de todo, incluso he visto libros y programas que muestran cómo ordenarlo todo y mantener ese orden.

Ordena tu casa de esta manera, ordena tus libros de esta otra…

Como si tú supieras el caos que hay en mi cabeza..., ¡si no lo sé ni yo!

Creo que me volvería completamente loca si intentara buscar el orden de todo.

Vivimos con la ilusión de no tenernos que preocupar por nada nunca, de gozar de una tranquilidad absoluta para siempre.

Ya que estamos jugando con algo irremediable, ¿qué tal si nos aliamos con él?

Quizá dejaríamos de ver la vida como una lista de quehaceres y empezaríamos a disfrutar cada momento con ansia.

Tenemos que aprender a encontrarle esa chispa a las cosas que no están ordenadas y disfrutarla como algo más en nuestra vida.

No me digas que no disfrutabas de pequeño con todos los juguetes desperdigados por la habitación.

Sigues siendo la misma persona con unos añitos de más, puedes volver a hacerlo.

No confundas mis palabras: no intento que tu casa sea un parque de atracciones ni un vertedero, por supuesto.

Pero disfrutar del caos es disfrutar la vida en su más pura esencia.

Aunque por mucho que hable, he de reconocer que soy de las que no se concentran del todo si no tienen la casa ordenada mientras escribo o tengo que usar la cabeza para algo.

Así que mira: si alguno de estos textos te parece deficiente, sabrás que cuando lo estaba escribiendo tenía la casa hecha una mierda.

Destino

Casi todos creemos habernos librado alguna vez de algún peligro o de algo que no queríamos afrontar por chiripa.

Por ejemplo, cuando de pequeño (o, bueno, no tan pequeño) cruzabas con el semáforo en rojo y ese coche conseguía parar a tiempo antes de hacerte picadillo o cuando la profesora de matemáticas milagrosamente no pudo asistir a clase ese día en que había un examen para el que tú no habías estudiado mucho.

O cuando por fin ha llegado el día de empezar a trabajar en esa empresa en la que intentabas entrar año tras año y justo al montarte en el coche e intentar arrancarlo este no se pone en marcha porque se te ha descargado la batería. Tienes la certeza de que no llegarás a tiempo, pese a que, bueno, quizá el autobús llegue puntual y llegues a la hora. Y ahí estás, sentada en la parada sin poder disimular la cara de preocupación, cuando, de pronto, un antiguo compañero de instituto pasa con su coche justo por delante de la parada, te ve y te lleva. Gracias a él, no pierdes el trabajo de tus sueños.

Sí, me ha pasado a mí.

Son típicos momentos en los que piensas: «¡OMG, los astros se han alineado por y para mí!».

Llámalo suerte, fortuna, potra, casualidad, chiripa, azar… o destino.

Permíteme llamarlo destino.

Y seguramente tú hayas llegado a esta página porque es lo que estaba escrito.

Seguramente yo esté aquí por lo mismo.

Al igual que, seguramente, hoy alguien está a punto de enamorarse.

Alguien está a punto de darse cuenta de que no está con la persona correcta.

Alguien está a un minuto de cambiar su vida por completo.

Alguien está a punto de recibir una gran noticia.

Alguien está a punto de ponerse a llorar.

Alguien está a punto de morir.

Alguien está a punto de nacer.

Alguien está a punto de rencontrarse con su pasado.

Y es que algunos dicen que todo pasa por algo; otros, que el mundo está lleno de casualidades…

Por algo se me rompió el coche ese día y, por casualidad, mi antiguo compañero resultó ser el amor de mi vida.

Garra

Hoy soy fuerte porque ayer fui débil.

Ayer me veía en un pozo sin fondo y también sin salida.

Flotando en la nada, sin rumbo, sin norte, sin sur.

Gracias a eso, hoy me encuentro en lo alto del pozo, saltando encima del soporte que le puse.

Tomé aire y caminé frente al sol, buscando la libertad.

Durante mi estancia en ese hoyo, aprendí que todo es temporal.

Si las cosas te van bien, disfrútalas al máximo, porque no durarán para siempre, y si te van mal, no te preocupes, ya que tampoco durarán para siempre.

Aprendí que los malos momentos vienen solos, inesperadamente; los buenos, en cambio, hay que salir a buscarlos.

Y es que mirando hacia atrás y haciendo un análisis de todo lo bueno y lo malo, soy consciente de que cada experiencia y cada momento han ayudado a sembrar mi fortaleza.

Cada llanto y cada risa, cada día y cada noche.

Mi almohada ha sido una gran confidente en esos momentos y ha aguantado llantos, puñetazos y algún que otro grito lleno de rabia.

Ahora puedo decir con la cabeza bien alta y bien claro que, joder, no fue fácil, pero lo logré.

Y es que sí, quiero gritarlo a los cuatro vientos, con un altavoz en mano si es preciso, a todas esas personas que ahora se encuentran en ese hoyo, viviendo el día a día con esa incertidumbre que mata.

Si te identificas con algo de esto, créeme, todo acabará pasando.

No se es más fuerte por aguantar, aguantar y seguir aguantando.

Fuerte es aquel capaz de sacar las garras y romper con todo lo que le hace daño.

Magia

Magia es sentirte a mi lado cuando tú no estás.

Magia es sonreír sin motivo.

Magia es sentir las mariposas.

Magia es soñar despierto.

Magia es mirarte y saber lo que piensas.

Magia es ese día, a esa hora y esa casualidad.

Magia es ese algo que me empuja a cerrar los ojos.

Magia es correr bajo la lluvia y no sentir que me mojo.

Magia es un atardecer lleno de suspiros.

Magia es mantener la llama viva.

Magia es encontrarte sin buscarte.

Magia es verte sin mirarte.

Magia es removerme con tan solo tocarme.

Magia es brillar a oscuras.

Magia es tu capacidad de hacerme temblar.

Magia es nuestra sístole y diástole al unísono.

Magia son tus labios al poder rozarlos.

Magia es sentir que puedo volar sin alas.

Magia es tu calma en mi tormenta.

Magia es romper barreras.

Magia es quererse a ciegas.

Magia no es vivir, es sentirse vivo

Magia, cariño, magia eres tú.

Perdón

Qué bonito es enamorarse.

Todo es de color de rosa.

Las ganas de comerse a besos, las ganas de no pasar ni un segundo separados, las ganas de conocer todo de esa persona y, oye, las ganas de dejarnos querer.

Esa felicidad tonta que te invade y que, joder, mola mucho.

Pasan los días y sigues estando en esa nube de felicidad, flotando.

Un día, un ramo de flores; otro día, una cenita frente a la playa... Planes y más planes, mil y una historias, infinitos momentos increíbles juntos.

Y pasan los meses y los años, la relación está más que consolidada.

Y, de repente, notas que llega un día en que ya no hace falta decir «te quiero» antes de acostarse, ni un beso al llegar a casa, ni un detalle inesperado, ni un «¿cómo te ha ido el día?».

Te das cuenta de que ya no eres lo especial que eras antes y no sabes el porqué.

Y todas esas expectativas tan altas que habías puesto se van al garete.

Intentas indagar la razón de tan enorme cambio y, mientras, te das cuenta de que se está yendo.

Porque sí, porque es lo mejor, porque «es lo que hay».

Sin argumentos, sin explicaciones.

Y tú, de piedra, sigues con tu vida.

Al cabo del tiempo, aparece un «PERDÓN» por mensaje, acompañado de un largo recorrido de llamadas... Así, un día, de repente.

Y ya no tan de piedra, continúas con tu vida, la que ahora es mucho mejor que antes.

Perdón por no estar cuando me necesitabas y aparecer cuando me daba la gana.

Perdón por hacerte sentir un cero a la izquierda.

Perdón por huir cuando tenías algo que decirme.

Perdón por hacerte callar.

Perdón por crearte una inseguridad innecesaria.

Perdón por tener contestaciones inoportunas.

Perdón por no apoyarte en tus decisiones.

Perdón por tomar tus metas como una estupidez.

Perdón por hacerte creer que lo nuestro iba en serio.

Perdón por no valorarte.

Perdón por seguir contigo para no estar solx.

Perdón por hacerte sufrir.

Me encantaría poder decirte que NO es necesario pedir perdón por desenamorarse.

Sí por soltarme y no dejarme ir.

También me hubiese encantado recibir ese mensaje y no escribirlo en tu nombre.

Hoy en día, yo ya te hubiese perdonado.

EL PERDÓN CAE COMO
LLUVIA SUAVE DESDE EL
CIELO A LA TIERRA.
ES DOS VECES BENDITO.
BENDICE AL QUE LO DA Y
AL QUE LO RECIBE.

William Shakespeare

Me arriesgo

Si lo que necesitas ahora mismo es una señal para hacer algo, aquí la tienes.

Cómprate esos billetes para ir a ese lugar que tanto deseas, escribe a esa persona con la que tienes algo pendiente, sé tú el o la que dé el paso hacia algo que probablemente te vaya a cambiar la vida, no sé... Sea lo que sea lo que te ronde por la cabeza ahora mismo, hazlo.

Ahora es el momento, aventúrate, atrévete, lánzate.

Deja de quedarte con las ganas de hacer lo que realmente quieres.

Puede que te invada el miedo, la intriga del no saber, pero ¿no te mata la curiosidad de saber qué pasará?

Es probable que, al tomar el paso de hacer algo «arriesgado» nos acompañe una sensación de duda, llamémosle miedo.

Ese miedo es esa barrera que separa lo que eres de lo que realmente podrías ser.

Porque eres lo que eres por todas las decisiones que tomas a lo largo de tus días.

Para mí, quedarse con las ganas de algo es la manera de arrepentirse a diario, porque puede que las cosas no salgan como tú quieres o como tenías previsto.

Y ahí, cariño, ahí está la gracia.

Pero lo habrás intentado, y seguramente hayas obtenido muchas respuestas para tus siguientes «pruebas».

Tendemos a pedir consejo a nuestra gente para tomar decisiones que creemos no poder afrontar en soledad... Es totalmente lógico y normal, siempre que sepas que la última palabra solo la tienes tú.

Mi habitual respuesta a un «¿qué hago, tía?» es un «lo que tú sientas, tía».

Quizá, a la vista de los que no me conozcan, puede parecer una respuesta bastante poco elaborada, pero pienso que es una de las mejores respuestas que puedo dar.

No quiero ser la dueña de una elección desastrosa o de la mejor de su historia.

Porque lo quiero ser de la mía y quiero que cada uno lo sea de la suya.

Me encantaría ver cómo damos más pasos al frente, cómo tomamos decisiones complicadas y cómo aprendemos a llevarlas.

Cómo emprendemos un nuevo negocio o cómo arreglamos ese corazón que rompimos tiempo atrás. Qué sé yo. Quiero ver cómo nos convertimos en los dueños y las dueñas de nuestra vida y de nuestra historia.

El trébol

Tómate un minuto y párate a pensar en tus personas, las del día a día, sí, las que están en las duras y en las maduras.

Ahora, tómate otro efímero minuto y observa a tu alrededor.

No pretendo que te sientas mal por nada. O sí.

Porque el humano en ocasiones es un ser bastante bobo al que, de vez en cuando, hay que recordarle todo lo que tiene para que sea capaz de valorarlo como se merece.

Esa colleja de realidad que la mayoría necesitamos.

Oigo a diario un arsenal de lamentaciones, mire a donde mire:

Esos zapatos son demasiado caros y no me los podré comprar: lloriqueo.

La cámara de mi móvil es una mierda: lloriqueo.

Odio la cicatriz que tengo en el pecho: lloriqueo.

Mis padres son muy pesados: lloriqueo.

Podría seguir y seguir y, créeme, rellenaría todo este libro, pero me está dando mucha pereza.

Piensa en algo irrecuperable.

En eso que jamás nadie podrá comprar por mucho que se pierda.

Por lo que muchos acabarán lloriqueando con verdadero motivo.

TIEMPO.

¿Qué importan esos zapatos tan caros que taaanto molan (joder, claro, esa marca es increíble y como son tan caros seguro que así soy mejor) cuando los acabarás dejando en el zapatero hasta que sea hora de tirarlos?

¿Qué importa la cámara de tu móvil (tengo que tener el último iPhone porque, si no, me enfado y no respiro) si la utilidad principal de tu teléfono es llamar?

¿Qué importa esa cicatriz (obviamente no pienso ir a la playa con «esta mierda» en el pecho) si evidencia que eres una jodida guerrera?

¿Qué importa que tus padres te pregunten cómo te va y qué haces si significa que te quieren?

Tres cosas y acabo, que no quiero darte tanto la chapa.

- SI NO PUEDES SER FELIZ CON POCAS COSAS, NO SERÁS FELIZ CON NADA.

- APRECIA LO QUE TE DA LA VIDA, PORQUE NO TE LO DARÁ DOS VECES.

- NO DESCUIDES A ESA PERSONA POR EL SIMPLE HECHO DE SABER QUE VA A ESTAR AHÍ PARA SIEMPRE. QUIZÁ DEJE DE ESTAR ALGÚN DÍA.

Y tú, si de verdad crees que valoras todo lo que has podido observar en los dos minutos de antes, no dejes de disfrutarlo nunca.

Egoísmo

Hoy un pirado es el que grita por la calle, un pesado el que enseña las fotos de su último viaje, un envidioso el que dice que no le gusta la vestimenta de su amigo y un egoísta el que coge la última porción de pizza.

Nos tomamos la libertad de tachar de X a cualquier persona por un simple gesto, quizá sin importancia para él mismo, pero muy importante para algún otro.

Tengo sentimientos encontrados a la hora de hablar del egoísta.

¿En qué momento pasas de pensar en ti mismo a no pensar en los demás?

Creo que son dos conceptos que no van de la mano.

El egoísta es el que, más allá de pensar en él, no tiene miramiento con el resto, pues mientras él esté conforme, lo demás está de más.

¿Seré egoísta por pensar en mí primero y luego en el resto?

Pues no lo sé.

Lo que veo es que nos han inculcado que pensar en ti mismo antes que en los demás es algo malo, algo que queda feo. Sin embargo, cabe decir que la mayoría lo hacemos y puede que un poco a hurtadillas incluso.

Hay personas que tienen una gran necesidad de complacer a los otros, olvidándose de su propio bienestar, esas personas denominadas cachos de pan o ángeles caídos del cielo.

Lo que no nos han contado es que no saber poner límites y no poder decir que no igual sí que es algo malo.

Sinceramente, pienso que aquello que tú no te des no te lo va a dar nadie.

Y lo siento, pero es que primero vas tú y, desde mi punto de vista, no eres egoísta.

Eso no significa olvidarse del resto, no te confundas.

UN HOMBRE NO SE DEFINE COMO EGOÍSTA POR PERSEGUIR SU PROPIO BIEN, SINO POR DESCUIDAR EL BIEN DE OTROS.

Richard Whately

Veo, veo

Piensa en toda la cantidad de cosas que tienes a tu alcance.

Ya ni opto por hablarte de lo básico y simple para tu propia supervivencia, como comida o agua, sino, por ejemplo, de:

Ese «refugio» en el que vives: tu casa, tu hogar.

Ese lugar en el que hay, y probablemente seguirá habiendo, que invertir grandes cantidades de trabajo y esfuerzo, para simplemente eso, poder refugiarte y estar seguro.

Algún tipo de ingreso que tengas la suerte de poder obtener, elemento crucial para vivir hoy en día.

Vamos más allá.

Estoy convencida de que, asimismo, dispones de todo tipo de tecnología e indumentaria, lo último de lo último, por supuesto.

Me atrevo a decir que puedes permitirte bastantes caprichitos, ¡sí!

Salir a cenar con tus amigos, ir al cine a ver el estreno de esa última película, irte de vacaciones con la familia o comprarte ese perfume que tanto te gusta. ¡Qué bien huele!

Quiero hablarte sobre algo que me lleva atormentando desde hace mucho tiempo.

Atentados, muertes, hambre, muertes, dolor, muertes, pobreza, muertes, violencia, muertes y muertes, y más muertes.

El desenlace siempre es el mismo.

Y no, tú no tienes la culpa de la suerte que tienes.

Veo dolor, veo tristeza, veo miedo, veo injusticia, veo vergüenza, veo interés, veo pasotismo, veo personas huyendo, veo corrupción, veo niños con armas, veo que las personas que podrían hacer algo y solucionar, al menos, uno de los problemas descritos no hacen una mierda... Me veo llena de rabia.

Y por eso llega ese momento en el que ya no quieres ver más, y ahí entramos en el problema.

Porque esta es la realidad, nuestra realidad, la que supera la ficción.

Gran fortuna la nuestra verla desde el lado bueno.

Sé consciente de y consecuente con todo lo que tienes, por mísero que te parezca.

De ese vaso de leche antes de acostarte.

De ese beso antes de salir de casa.

De ese plato en la mesa.

De ese café en aquella cafetería.

De la vida misma.

Grita

Cuando era pequeña, siempre me dijeron que, si algo no estaba yendo bien, gritase lo más fuerte que pudiera.

A día de hoy, mis amigas y yo nos lo seguimos diciendo.

Vivimos en ese lugar en el que el pueblo tiene que desgarrarse la garganta para ser escuchado.

En el que falta escuchar con atención los gritos de aquellas personas que no tienen tanta voz.

En el que hacen más falta gritos de alegría y amor que de dolor y miedo.

Llegamos al mundo gritando a todo pulmón.

Y muchas se han ido de la misma manera.

Somos nosotras las que siempre nos llevamos la peor parte.

Las que no está bien que salgamos a horas «intempestivas» solas por la calle.

Las que vamos provocando por llevar un buen escote y una minifalda.

Las que parece que hacer teatro para simular que estamos hablando por teléfono o saludando a alguien inexistente mirando a cualquier fachada de pisos.

Las que, cuando tenemos la menstruación, ¡qué coño, LA REGLA!, estamos locas.

Las que nos tenemos que cambiar de acera más de una vez por simple precaución.

A las que nos gusta el rosa y no entendemos de fútbol.

Las que no podemos enseñar los pezones porque nuestro cuerpo es una provocación.

Las que somos unas putas por tontear con más de uno.

Las que si siguen solteras a cierta edad han fracasado en la vida.

A las que nos regalan una cocinita y un muñeco de bebé en nuestros primeros cumpleaños.

Las que aún cobramos menos por el hecho de ser mujeres.

Y las que se han cansado de tanta mierda.

Somos esas tipas a las que ya nadie va a poder callar.

Who run the world?

Contra reloj

Durante un tiempo, tuve una sensación bastante extraña que en ese momento no podía explicar con palabras.

Era como si viese mi propia vida pasar como espectadora en este cine tridimensional llamado mundo y no como protagonista.

Como si no fuese la dueña de mi historia y de mis actos.

Lo comparo con el dueño de una empresa y un becario: yo tenía que ser la dueña de mi vida y estaba siendo la becaria.

Algo muy complicado de explicar, lo juro.

Supongo que a alguien más le habrá pasado algo así.

En el momento que lo descubrí, empecé a preguntarme cosas.

A hablar conmigo de la manera más sincera posible.

Es algo complicado.

¿Qué es lo que quiero?

¿Qué es lo que siento?

¿Qué está pasando?

Mi respuesta ante toda esta retahíla de preguntas fue elemental para poder cambiar la situación.

«Se te acaba el tiempo.»

Y *voilà*.

El tiempo pasa y nunca vuelve atrás, se nos escapa de las manos y no somos conscientes de ello.

Si dejas que pase el tiempo sin hacer nada, pronto te darás cuenta de que solo vas a vivir una vez.

Al ser algo limitado, me propuse aprovecharlo a mi manera.

Dejé de malgastarlo en cosas que realmente no me gustaban y comencé a hacer otras muchas que hacían que me acostara y me despertara con ganas de vivir, pero de verdad.

Empecé a apartar de mi vida lo que me restaba e introduje lo que me hacía ser más y mejor.

Descubrí rincones y personas maravillosas que me complementaban a la perfección.

Comprendí mi arte y admiré el de otros.

Aprendí que el tiempo era el alma del mundo y que, por eso, el mío no tiene precio.

Musa

Personificación femenina de la inspiración
que estimula la creación del artista

Verte y que no sepas que es por ti por quien escribo.

Es por ti y gracias a ti cada uno de mis pasos al frente.

Eres tú la que jamás podrías permitir que estuviese en el fango mucho tiempo y la que se ensuciaría sus mejores galas dispuesta a levantarme o simplemente tumbarse a mi lado.

La persona que guía mi camino y me advierte de cuándo frenar, y la que, si no freno, corre conmigo aun a sabiendas de que en el borde nos espera una gran caída libre.

La que tiene el poder de manejar miles de maestrías, siendo la mejor cocinera, psicóloga, médico, profesora, administrativa, cantante, modista, policía, *personal shopper*, adivina, electricista, lampista…

Eres esa heroína que no todos tienen el honor de conocer.

Que venga Superwoman y será ella la que quiera dejarte el puesto.

Eres la luz que necesito en medio de tanta oscuridad.

Esa luz que ilumina mi rostro y me abraza con su tranquilidad y entereza.

Eres la paciencia infinita, la fuerza que todo hombre desearía tener y el valor de un gladiador en medio del coliseo esperando a que salga la fiera.

Eres mi hogar: contigo me siento a salvo.

Hoy quiero decirte y darte el reconocimiento que te mereces.

Que sepas que lo has hecho muy bien.

Que todo esfuerzo ha merecido la pena.

Todas las decisiones que has tomado han sido las correctas, pues las has hecho desde el corazón.

Te admiro por ser una única persona con el papel de dos.

Por ser solo tú capaz de poder llevar una enorme carga a diario y que todo haya salido tan bien.

Hoy soy la mujer que soy por la mujer que me crio.

No sé qué sería de mí si no me hubiese tocado esta lotería.

Por ello y por muchas cosas más, tú eres mi musa.

Lessons

1. SI NO ERES FELIZ CON LO QUE HACES, VETE DE AHÍ.
2. NUNCA RENUNCIES, ES LO FÁCIL.
3. PROTEGE Y CUIDA A LOS TUYOS.
4. FRACASA MUCHO, NO PODRÁS TENER ÉXITO SI NO TE CAES.
5. PASA PÁGINA O CIERRA EL LIBRO.
6. SI LO PUEDES CAMBIAR, ACTÚA.
7. NO ERES LOS ESTUDIOS QUE TIENES.
8. TENER MIEDO NO TE HACE COBARDE.
9. CUANDO NO SEPAS ALGO, PREGUNTA.
10. APRENDE A PERDONAR: TÚ TAMBIÉN TE EQUIVOCAS.
11. TODOS TENEMOS BUENOS Y MALOS MOMENTOS, DISFRUTA DE AMBOS.

12. EL DINERO NO TE DARÁ LA FELICIDAD.

13. DEJA QUE LOS DEMÁS SE EQUIVOQUEN.

14. ERES ÚNICO, ESPECIAL E IRREMPLAZABLE.

15. NO TE CONFORMES.

16. CUÍDATE MUCHO.

17. VIVE HACIENDO Y NO PENSANDO EN HACER.

18. NO JUZGUES AQUELLO QUE NO CONOCES.

19. TÓMATE EL TIEMPO QUE NECESITES.

20. AMA, RÍE, LLORA, GRITA, SAL, AVANZA.

LA LECCIÓN MÁS GRANDE
EN LA VIDA ES SABER QUE
INCLUSO LOS TONTOS TIENEN
RAZÓN A VECES.

Winston Churchill

A distancia

Cuando un amor es verdadero, no hay distancia, muro, barrera, pared, charco u obstáculo que importe.

A todos aquellos y aquellas que tenéis a grandes personas lejos de vosotros os calificaría como de grandes valientes.

Sois vosotros los que vivís a contrarreloj, tachando en el calendario los días para por fin volver a veros.

Porque vuestro amor es paciencia infinita.

Es entrañable ver cómo os rencontráis en estaciones de tren o aeropuertos, habiendo cruzado el charco o quizá habiendo recorrido solo unos cuantos kilómetros con el fin de poder tocaros.

Y desde el desconocimiento, pienso que vuestra espera es mágica.

Pienso en la ilusión que debéis de sentir cuando se acerca el día, cuando llega la hora de sacar el billete de la mochila y de emprender el camino.

Os sobran las ganas de veros y os faltan muchos días para saciarlas.

Esas ganas de querer alargar cada minuto, cada segundo...

Porque, por mucho que os tengáis lejos, disponéis de la capacidad de sentiros más cerca de, incluso, la persona que tenéis a vuestro lado a diario.

Y es que ojalá la distancia continúe siendo el mayor de vuestros problemas mientras sigáis queriéndoos con locura.

A todos aquellos valientes que os habéis introducido en la maravillosa aventura de vivir vuestra relación a distancia, sabed que os admiro.

Quiero seguir viendo rencuentros y despedidas emotivos, una cuenta atrás, un «te echo de menos» verdadero, ese «ojalá pueda estar ahí el día de tu cumpleaños», esa sorpresa inesperada cuando de repente llega la hora de soplar las velas y ese deseo de siempre poder soplarlas juntos.

Ese ahorro de dinero y tiempo para poder visitaros, esa última noche antes de la despedida y esas ganas de volver a empezar este bucle.

No estaréis tan lejos cuando, al fin y al cabo, los dos tomáis el mismo sol.

Summertime

Huele a crema solar, son casi las diez de la noche y todavía puedo ver los últimos rayos de sol.

Ha empezado a sonar el *hit* del momento, voy a comprarme un helado, ya huele a verano.

Por fin.

El término «vacaciones» es igual a «pausa necesaria para que no me estalle cualquier día la cabeza».

Tenemos derecho a despreocuparnos, a olvidarnos de nuestros problemas diarios, de ese despertador que suena todas las *fuckin'* mañanas y a disfrutar de verdad, aunque, a nuestro parecer, dure poco.

Esas noches de juegos y mucha juerga, y puede que de algún que otro beso robado.

Esos amores de verano, que suelen ser amores pasajeros, pero amores al fin y al cabo.

Ese caminar por la orilla descalzos con las chanclas en la mano.

Esas toallas mojadas y llenas de arena.

Ese momento de hacer la maleta para huir de la monotonía.

Mientras unos muchos se despiertan esperando el desayuno del *resort*, otros tantos lo hacen escuchando el sonido del gallo del pueblo adonde regresan cada año.

Soy de las de la segunda opción.

Siempre me he sentido afortunada de tener un pueblo al que volver, con el que rencontrarme, al que recordar y que disfrutar.

Está claro que quien no lo tiene no lo echará en falta, pero siempre me he compadecido de aquellos que jamás lo tuvieron. Quien lo tenga me entenderá.

Porque os juro que en esos lugares pasan cosas mágicas, consigues olvidarte de absolutamente todo lo que te rondaba por la cabeza días atrás y, de verdad, eres y estás feliz.

Feliz del cambio de aires, de pasar de ver un rascacielos a cientos de árboles (en mi caso), feliz por ver de nuevo a personas que, por suerte o por desgracia, solo las ves en ocasiones puntuales.

Feliz de juntarte con toda la familia y que cada día sea una aventura, una fiesta nueva.

Y, bueno, ¿qué me dices de las fiestas de pueblo?

Que se largue David Guetta y me traigan a ese DJ, pero ya.

Porque regresar allí es volver a aquel verano que dura toda una vida, a aquel universo perfecto.

Muñeco de nieve

Y llega el invierno.

Lleno de narices coloradas y resfriados.

De estufas encendidas y chimeneas sacando humo.

De ganas de marcarnos un sofá y manta acompañado de Netflix, con una taza de chocolate caliente, si es posible.

Es época de bufandas de colores y de gorritos con divertidas formas.

De felicidad y de anhelo.

De bolas de nieve y de tardes oscuras.

De decorar la casa y de esperar a los Reyes Magos de Oriente.

Es la estación de las grandes comidas familiares, de la unión y la armonía, de sorpresas continuas y de grandes valores como la solidaridad, el amor, la paz y la esperanza.

Y se termina un año más, y llega la hora de hacer la lista de propósitos para el año que está por entrar.

Con doce uvas en la mano, toca celebrarlo.

Y con ello, es el momento de agradecer a todas esas personas que un año más me han acompañado en la maravillosa locura de vivir la vida.

Gracias a aquellos que entraron en mi vida y a los que, gracias a Dios, salieron.

A los que me enseñaron algo que yo no sabía y a los que pudieron aprender de mí.

A los nuevos que vendrán y a los que regresarán: ¡bienvenidos! Os espero con los brazos bien abiertos.

A los que se fueron y aún permanecen en mi recuerdo.

Gracias por cada sonrisa y cada lágrima derramada en mi hombro.

Por cada oportunidad aprovechada y por cada otra perdida.

Por cada lección aprendida y por cada fallo cometido.

Por todo el esfuerzo interpuesto.

Y a ti, gracias por escogerme, por leerme, por tenerme en tu estantería. Por contar conmigo.

Tú formas parte de mi año. ¡Feliz 2019!

Cambios

Todo cambia

Hoy lluvia, mañana sol.

Cambiamos de aire cuando queremos o creemos que es lo más conveniente para nuestro desarrollo. Cambian las personas, y no solo físicamente, ya sea por las vivencias o las condiciones que hayan tenido que pasar.

Cambiamos de *look*, las modas cambian y nosotros vamos de la mano con ellas.

Algunos cambiamos de piso, de país, de pareja, de trabajo..., siempre buscando lo mejor para nuestro crecimiento personal.

También cambia el clima, la marea... Cambia la luna, la vida.

Cambiamos en soledad y en multitud, puesto que nuestra sociedad está en constante metamorfosis (cabe decir que, en muchas ocasiones, para bien y, en otras muchas, para mal).

Y no hay que tenerle miedo al cambio. Desde que naces hasta ahora que estás leyendo esto no te puedes imaginar la de cosas que habrás cambiado.

No solo en ti, sino también en los demás.

Si una simple canción, película, libro o momento han podido influir en el pensamiento de cambiar algo, imagínate lo que puede llegar a hacer una sola persona igual solo con una palabra.

Quizá un acto que para ti es insignificante para otra persona puede ser un mundo o, simplemente, el impulso para actuar.

Y es que en el momento que llega ese miedo a tu cabeza, enhorabuena, ya estás cambiando.

Quizá a ratos de opinión, ¿me equivoco?

Si quieres que las cosas cambien, tienes que dejar de hacer siempre lo mismo.

Tal vez cueste adaptarse. Tal vez no.

Porque mejorar es cambiar y no quedarse estancado en la zona de confort.

Sin cambio no hay progreso.

Steve Jobs decía que cada día que se miraba en el espejo se preguntaba:

«Si hoy fuese el último día de mi vida, ¿querría hacer lo que voy a hacer hoy?».

Si su respuesta era un «no» durante muchos días seguidos, sabía que necesitaba cambiar algo.

Ve a mirarte al espejo y repite la fórmula.

Irremediable

Siempre has sido la mujer más fuerte que he conocido en mi vida.

Eras tú la que aguantabas y te encargabas de esfumar cada trocito de dolor de la vida de los demás.

Tú la que sostenía todo el peso del mundo, no dejándose ayudar nunca y siempre cargando con todo para no intranquilizar al resto, llevándote siempre la peor parte de la historia.

Pero siempre dispuesta a regalarme una sonrisa y dejándome ver esa mirada de amor verdadero.

Gracias a ti, sé reconocerlo.

Eras, eres y serás mi mayor ejemplo de lucha, de vida, de bondad y de amor.

Me enseñaste muchas cosas, como el valor de cada minuto.

Esa fuerza para seguir hacia delante en los peores momentos, tu perseverancia y consistencia.

El valor del respeto, la humildad y la educación.

Pero, sobre todo, esa generosidad que tanto te definía.

Eras esa persona capaz de quedarte sin nada para dárselo al otro, pero feliz de haberlo hecho.

Recuerdo cómo me advertías de los peligros que podía encontrar y cómo los acentuabas en tus últimas llamadas.

«Nunca vayas sola de noche», «No abras la puerta si estás sola en casa», «No te arrimes a los coches grandes en sitios que no haya gente», «No vayas por callejones»...

Recuerdo cómo me seguías el ritmo cuando era una cría.

Aún hoy en día nunca he conseguido verte como una anciana.

Recuerdo tu forma de caminar, tu forma de llegar y de irte.

Recuerdo nuestras profundas conversaciones de verano, en aquel ventanal en el que corría ese airecito que tanto te gustaba.

Recuerdo cuando venías a cada festival del colegio y te ponías a llorar de lo «bien que lo hacía».

Recuerdo tu voz como si todavía pudiera escucharla.

Aún no me acostumbro a no recibir tus llamadas.

He de reconocer que en estos últimos años he preferido guardar tu número de teléfono en mi memoria, por si algún día tenía que borrarlo.

Me encantaría poder ver la cara que pones al oír que esto va a salir en el libro que estoy escribiendo.

Tu salida del mundo es lo único que no he podido remediar.

Sé que, estés donde estés, estarás conmigo, acompañándome en cada momento de mi existencia.

Recuerdo ser la niña de tus ojos y quiero que siempre recuerdes que tú eres la mujer de los míos.

A mi ángel de la guarda.

HVR.

Viajando

Veo aviones desde mi ventana y siempre imagino dónde aterrizarán, cuál será su destino final.

Qué tipo de personas habrá dentro, para qué o por qué motivo estarán en ese avión, cuántos de ellos estarán yéndose de su hogar y cuánta gente estará regresando a él.

Porque muchos hemos tenido la necesidad de irnos de nuestro hogar, lejos de casa y sobre todo lejos de los nuestros, simplemente por ir en busca de algo mucho mejor.

Soy de Barcelona, esa maravillosa ciudad cosmopolita que se encuentra al lado del mar.

He de confesar que he nacido aquí y jamás he entrado en la Sagrada Familia y que solo he visitado una vez el Park Güell.

Y estoy convencida de que alguien que haya veraneado en mi ciudad un largo tiempo podrá conocerla mejor que yo.

En cambio, cada vez que viajo a otra ciudad intento poder visitar cada rincón para empaparme de su cultura, filosofía de vida y tradición.

Muchos de los que tienen que tomar la decisión de irse de donde han vivido siempre lo hacen convencidos de que quizá encontrarán un buen o mejor trabajo en otro lugar, o algo similar.

Afortunadamente, somos aquellos bienaventurados que no han de coger un avión para evitar morir.

Me di cuenta de ello al mirar por la ventanilla del avión al que me tuve que montar.

El día que tuve que abandonar mi ciudad, me di cuenta de lo poco que la conocía.

Me di cuenta de aquella desconocida estima que le tenía.

Me di cuenta de que no la había valorado, puesto que jamás se me hubiese pasado por la cabeza perderla. (Sí, la incongruencia del ser humano.)

Eché de menos cada café en la cafetería de enfrente de casa, cada camino con una mochila a cuestas para llegar al metro, cada bocado de paella o cada trozo de jamón serrano.

Cada puesta de sol en mi terrado, observando la silueta de mi ciudad.

Este año me dispongo a conocerla, como si fuese un gran viaje.

Hace tiempo que he empezado y aún sigo flipando de lo que me he perdido.

El anuncio de fuet tenía mucha razón:

Como en casa, en ningún sitio.

Atrás, ahora y siguiente

Un simple olor puede llenar tu cabeza de recuerdos, de momentos inolvidables muy buenos o, por desgracia, también muy malos.

El olor de ese perfume, de esa receta, de ese jabón de manos o de ese simple suavizante de ropa.

Porque, momentáneamente, volvemos el cuello para mirar hacia atrás de nuevo.

Y recordar cada trocito de vida está genial, sobre todo si rememoramos nuestros mejores momentos.

El problema está cuando, con masoquismo, reabrimos esas cuantas heridas más que cerradas y volvemos a quedarnos atrapados en un pasado que estaba más que pisado.

Imagina por un momento escalar una de las montañas más altas de tu país, con la recompensa de llegar a la meta y conseguir eso que llevas deseando tanto tiempo.

No tienes cuenta atrás, puedes llegar cuando quieras. Tu única condición para obtener la recompensa es alcanzar la cima.

Te encuentras en el punto de partida, tu espalda sostiene una gran mochila vacía.

El inicio es sencillo, pero lo que no te habían contado es que cada vez que mires a tu derecha meterán rocas de tamaño medio en tu mochila.

Cada vez que mires a tu izquierda, las rocas serán de pequeño tamaño, pero algo afiladas.

Y cada vez que mires atrás, serán rocas volcánicas quemadas.

En medio del camino, por distraerte, colocarán en cada una de tus manos dos pesas... Casi nada.

Por si aún no te has dado cuenta, esa montaña es tu vida.

Las rocas que te han puesto al mirar a izquierda y derecha son tus problemas actuales, esos que aún no has resuelto y llevas a cuestas.

Las rocas volcánicas quemadas son las heridas del pasado, esas que han vuelto o que quizá jamás llegaron a irse.

Por último, las pesas son ese peso que cargas, a pesar de no ser a ti a quien pertenecen.

Los médicos dicen que no es bueno llevar mucho peso en la espalda.

Aun así, ¿crees que llegarías a la cúspide de la montaña?

Apaga la luz

Tener el corazón hecho pedazos y poner buena cara.

Aguantar ese nudo en la garganta y sujetarlo con una sonrisa más falsa que una moneda de tres euros.

Al parecer, hemos aprobado una nueva ley que dice que hay que estar felices y contentos en todo momento, siempre.

Aunque las cosas vayan mal, tienes que estar feliz y sonreír.

Pero no es real, *I'm sorry*, no lo es.

Igual soy yo la cabrona que tiene que montar y desmontar esta teoría y se me tacha de amargada de la vida y, bueno, la verdad es que a veces lo soy.

Puedo hacerme trescientas cuarenta y dos fotos sonriendo, subir una de ellas a mis redes sociales y parecer la persona más feliz del mundo, aunque luego me pase todo el día encerrada en casa, llorando a moco tendido.

Porque sí, todos, absolutamente todos, tenemos días de mierda; todos lloramos, y la mayoría, si es a escondidas, mucho mejor.

Nos está amargando demasiado esta moda de *always happy*.

No tienes por qué tener buena cara todos los días, tienes derecho a ponerte de mal humor y llorar como si no hubiese un mañana.

Aunque el motivo de tu llanto a la vista de otros sea la estupidez más grande del mundo, tú lloras por lo que a ti te da la real gana.

Es curioso, porque intentamos buscar a los demás para compartir nuestra felicidad, pero a encerrarnos a la hora de «no mostrar» nuestra tristeza.

Por ejemplo, cuando vamos al cine no tenemos pudor para soltar una gran carcajada en cualquier escena divertida, pero, en cambio, en el momento en el que una de ellas nos toca el alma y nos hace derramar alguna que otra lágrima, intentamos escondernos para que los demás no nos vean.

Porque «llorar es de débiles» y «los chicos no lloran porque son muy fuertes, y las chicas, en cambio, lloran por todo».

Si eres de esas personas que aún tienen estos pensamientos en su cabeza, déjame explicarte que llorar no solo es una simple respuesta humana a la tristeza o frustración.

Llorar significa permitirte sentir más allá de lo que los demás ven a simple vista.

Llorar te permite buscar y entender situaciones, y librarte del peso que llevas encima.

Igual aún «los chicos no lloran» por esa responsabilidad de fuertes y duros que alguien un día les impuso.

Igual «las chicas lloran por todo» porque necesitan librarse de tanto peso.

Igual deberíamos llorar un poco más y fingir un poco menos.

No sé, piénsalo.

Unmei no akai ito

Hace mucho tiempo, un emperador se enteró de que en una de las provincias de su reino vivía una bruja muy poderosa, que tenía la capacidad de poder ver el hilo rojo del destino, y mandó que la llevaran ante su presencia.

Cuando la bruja llegó, el emperador le ordenó que buscara el otro extremo del hilo que llevaba atado al meñique y lo llevara ante la que sería su esposa.

La bruja accedió a la petición y comenzó a seguir el hilo.

Su búsqueda los llevó hasta un mercado, donde una pobre campesina con una niñita en los brazos ofrecía sus productos.

Al llegar donde estaba esta campesina, la bruja se detuvo frente a ella y la invitó a ponerse de pie.

Asimismo, hizo que el joven emperador se acercara y le anunció: «Aquí termina tu hilo».

Al escuchar esto, el emperador enfureció, creyendo que era una burla de la bruja. Empujó a la campesina, que aún llevaba a su hijita en brazos, y la hizo caer. A consecuencia de la caída, la pequeña se hizo una gran herida en la frente.

Acto seguido, ordenó a sus guardias que detuvieran a la bruja y le cortaran la cabeza.

Muchos años después, llegó el momento en que este emperador debía casarse. Los cortesanos le recomendaron que lo mejor sería que desposara a la hija de un general muy poderoso.

Aceptó y llegó el día de la boda.

La novia entró en el templo ataviada con un bonito vestido y un velo que la cubría por completo.

Al levantárselo, vio que la hermosa mujer tenía una cicatriz muy peculiar en la frente.

Esta leyenda japonesa afirma que aquellos que estén unidos por el hilo rojo están destinados a convertirse en almas gemelas, almas que vivirán una historia importante.

No importa cuánto tiempo pase o las circunstancias que se encuentren en la vida, este hilo puede enredarse, estirarse o tensarse, desgastarse…, pero nunca romperse.

Ese hilo está atado al dedo meñique, algo que tiene que ver con la sangre. En ese dedo se localiza una arteria que conecta directamente con nuestro corazón. Según la leyenda, ese hilo rojo se extendería por el mundo hasta llegar al corazón de otra persona.

El hilo lleva contigo desde que naciste y te acompañará a lo largo de tu vida, guiando tu futuro y haciendo que te encuentres con todas esas personas con las que te tienes que encontrar.

Según la leyenda, simplemente lo sabrás.

Si el Dios que se encarga de atar los hilos rojos a todas las personas algún día puede leerme, quiero que sepa que ha acertado a la perfección con el extremo de mi hilo.

Hubo un día, hace mucho tiempo, en el que conocí a una persona.

En principio, esa persona no era santo de mi devoción, pues parecía que no conectábamos en absolutamente nada, más bien al contrario.

Por suerte, en su momento solo nos teníamos que cruzar muy de vez en cuando hasta que, al fin, nos acabamos perdiendo la pista.

Al cabo de pocos años volvimos a coincidir de la misma manera que la primera vez.

Pudimos conversar largo y tendido, y la verdad es que mi opinión cambió notablemente... Pensé que sería la edad o la madurez.

Volvimos a coincidir repetidamente y, pasado el tiempo, llegó un día en el que sentí una sensación que atravesó mi cuerpo y empezó a expandirse.

Llámame loca, pero esa sensación me regaló a una persona esencial hoy en mi vida.

Veintisiete

A mi compañera de viaje.

Ojalá todo el mundo pueda tener la suerte que yo he tenido a la hora de encontrarse con alguien tan idéntico a sí mismo que incluso pueda dar hasta miedo.

Me acompaña alguien que entiende mi música a la perfección.

Que sabe mis ritmos y espera las pausas.

Alguien que probablemente, en ocasiones, me conozca más que yo.

Siempre que abro los cajones del pasado, mire a donde mire, puedo ver cómo ella está cerca, tanto en los grandes momentos como en los peores.

Ella solita se ha ganado la posición de «persona muy importante en mi vida».

Me encanta ver cómo van pasando los años y seguimos igual o incluso más unidas que siempre.

Somos las que nos quedamos mirando a dos abuelitas que van a tomar su café después de comer a la cafetería de siempre y sonreímos porque sabemos que nosotras estaremos en esa situación dentro de unos cuantos años.

Ella es buena, inocente y muy fuerte.

Nos hemos regalado nuestra completa confianza. Algo muy valioso.

Ella es la que nunca me juzgará, pero si lo hago mal, será la primera en darme el sermón.

Aprendemos y crecemos juntas, me reconforta ver cómo las dos subimos peldaños.

Si ella tiene un problema, las dos lo tenemos. Por ley.

Ya sabes, lo mío es suyo y lo suyo es mío.

Con ella, hasta equivocarse es divertido.

Le tengo que agradecer esa paciencia que ha tenido que adquirir paulatinamente a la hora de aguantarme: si quiero, soy la más pesada del mundo entero y ella lo sabe.

Quiero estar ahí cuando logre cada meta y cuando se tropiece y caiga de morros.

Quiero seguir comiendo Nutella a cucharadas a las tres de la madrugada y no parar de tener ataques de risa.

Cuando estamos juntas, nadie nos puede parar.

Mi maravillosa relación de amistad se ha forjado sobre unos pilares básicos, como la tolerancia, la generosidad, el aprender a ceder y, sobre todo, el respeto mutuo.

Quiero seguir siendo la niña que conoció a otra niña y jamás se separó de ella.

Espero leer esto dentro de cincuenta años, con un café y una buena lupa en cualquier cafetería, acompañada de mi mejor amiga.

Decepción

Para que sientas que una persona te ha decepcionado, en primer lugar debes esperar algo de ella que no te ha podido ofrecer como tú pensabas.

Una expectativa creada, algo que dabas por supuesto que iba a pasar y que finalmente nunca ha tenido lugar.

Es normal que creemos expectativas en la gente que apreciamos y que queremos, puesto que en muchas ocasiones es primordial pensar en cómo se van a ajustar los acontecimientos para determinar por dónde tirar.

El problema radica en cuando esperamos ese algo de alguien que, más allá de habernos decepcionado, nos ha traicionado. Entonces se abre una gran herida bastante chunga de curar.

Es horrible tener la sensación de que todo va bien y, de repente, de la noche a la mañana, darte cuenta de que o eras tú el que estabas viviendo en otra dimensión o te la han clavado, pero bien.

Lo que no queremos o no nos importa no nos decepciona.

Alguien me dijo un día que no esperase nada de nadie porque es mejor estar sorprendido que decepcionado.

Tras varias decepciones, es la táctica que empecé a usar.

Una de las cosas que más me ha costado lograr entender es que nadie actuará de la misma manera que yo ante cualquier situación, quiero decir, depositaba grandes dosis de confianza en ciertas personas que no actuaron como yo creía que lo harían.

Y meeec: error.

Cuando no esperas nada de nadie, nada de lo que pasará mañana o dentro de dos meses te preocupará porque todo se convierte en una sorpresa.

Cambié la decepción por la aventura.

Con este cambio me di cuenta de que antes no estaba practicando la empatía que tanto creía tener, puesto que en muchas ocasiones esperaba cosas de los demás que ni yo misma hacía.

A VECES ESPERAMOS
MÁS DE LOS DEMÁS
PORQUE ESTARÍAMOS
DISPUESTOS A HACER
MUCHO POR ELLOS.

A(l)ma libre

He conocido a varias personas que desde mi pubertad hasta el día de hoy me decían que era mejor que no tuviese pareja hasta que «fuese la hora» para disfrutar bien de los años de juventud.

Su teoría era que así podía salir, hacer, deshacer o dejar de hacer lo que me diese la gana cuando me diese la gana.

Quizá se sorprenderían porque en la actualidad soy una joven con pareja que hace lo que le da la gana cuando le da la gana.

Crezco con la afirmación de que tener pareja te veda muchos caminos y limita tus oportunidades, o simplemente dejas de vivir una supuesta serie de aventuras que, por caminar al lado de alguien, son inadecuadas o simplemente imposibles para ti.

Soy consciente de que todas esas personas que algún día mencionaron eso lo hicieron con la mejor de sus intenciones y de manera graciosa incluso.

Pero a día de hoy me gustaría preguntarles:

¿Cuándo llega esa hora que mencionan?

Es algo que me intriga y que no se me ha ocurrido preguntar nunca.

Jamás me he sentido coartada por haber escogido tener a alguien a mi lado, lo mismo que jamás he pretendido que la otra persona se sienta así.

He de suponer entonces que, en el momento en el que esa hora concreta llegue, se me cerrará alguna que otra puerta por el mero hecho de haber decidido juntarme con alguien.

Soy la misma persona, con los mismos gustos y necesidades con alguien o sin nadie.

En el momento en que decido adentrarme en una relación lo hago para un disfrute propio y mutuo en el que cada uno es libre de salir, hacer, deshacer o dejar de hacer lo que le dé la gana.

Nadie tiene potestad para decir qué es lo que tiene que hacer el otro.

Aconsejar lo que quieras, pero jamás elegir por el de al lado.

Cada cual es un individuo único, que va y viene por sí mismo y no necesita que nadie camine a su ritmo.

Por mucho que decida estar junto a alguien, puedo estarlo del mismo modo lejos.

Si unes a dos palomas por las alas con una cuerda, por mucho que estén juntas, les resultará muy difícil volar.

En cambio, si cada una vuela con sus alas, ambas volarán más lejos y, lo más importante: llegarán a donde quieran llegar.

Sueña

Conozco muchos casos de gente que ha tenido que enterrar sus sueños por una supuesta serie de «obligaciones» que jamás permitirían que estos se hicieran realidad.

Lau Holz, veintiocho años. Década de los setenta:

Este hombre en su momento acababa de perder su empleo, no tenía ni un céntimo y su mujer estaba a punto de dar a luz.

En lugar de lamentarse, ese mismo día se sentó a la mesa del comedor y redactó sus sueños más ambiciosos e improbables.

Llegó a anotar ciento siete.

Por ejemplo, cenar en la Casa Blanca, conocer al Papa o ser entrenador de fútbol.

Tras completar esta lista de locuras, se propuso cada día hacer algo para hacer realidad, al menos, una de ellas.

Llegó a cumplir cuatro de esos ciento siete sueños.

Cenó en la Casa Blanca.

Muchas cosas nunca llegan a suceder porque nadie se atreve a intentarlas, por miedo a perder el tiempo o, simplemente, a fracasar intentándolo.

De pequeños, podíamos marcarnos grandes metas que ahora vemos del todo imposibles o improbables, o que en la actualidad simplemente nos parecen ingenuas por considerarlas cosas que dicen los niños porque aún no saben de qué va la vida.

Sin embargo, te recuerdo que alguien acabará siendo astronauta, cantante, bombero, policía, actor, presidenta del gobierno…

Dicen que, si escribes los objetivos que quieres alcanzar en un papel que puedas observar habitualmente, tu inconsciente sabrá que en todo momento esos objetivos siguen ahí.

Escríbelos aquí y ahora

1.

2.

3.

...

Si sientes un impulso para hacer o crear algo grandioso que te motiva a seguir adelante, no lo dejes escapar: hay trenes que solo pasan una vez en la vida.

Asume desde ya que la mayoría de las personas te dirán en muchas ocasiones que lo que estás pensando es imposible.

Todos tenemos un gran potencial, algunos más que otros, aprovéchalo y descúbrelo, nadie nos ha enseñado a ser conscientes de él.

La posibilidad de cumplir un sueño es lo que hace que la vida sea tan interesante.

Políticamente correctx/a/o/@

Soy consciente de que en este preciso instante me adentro en un terreno pantanoso, pero mi idea no es escribir bonito, sino escribir real.

Actualmente, el mundo está tan sensible que hay que tener tacto en todo y para todos… Tienes que controlar tu vocabulario y seleccionar las palabras con cuidado para mantener tanta claridad como sea posible.

Porque puedes pensar, pero antes de hablar prepárate el discurso, porque igual cavas tu propia tumba.

Es necesario dar explicaciones hasta el punto de aclarar que la frase que escribí en el primer párrafo, por ejemplo, no tiene dobles sentidos.

Está comprobado que, realmente, no podemos decir todo lo que pensamos.

No se puede sin tener que ser víctima de un abucheo de quienes dicen poseer la verdad absoluta, y punto, porque esto es lo que hay.

Métete tú en ese berenjenal si te atreves.

Es un sinsentido el hecho de que las personas políticamente correctas estén del todo en contra del odio y la discriminación (aclaro: eso me parece genial) y luego sean ellas las que odian y discriminan a los que no piensan como ellas.

El otro día, navegando por la red, leí que una persona (os aseguro que MUY políticamente anticuada) decía que una mujer diciendo groserías era una mujer muy poco femenina y con falta de clase.

Me encantaría haberle dicho que podemos hablar como queramos y seguir siendo unas damas con clase.

O que quizá no queremos serlo.

También me hubiera gustado decirle que hay veces en las que, por cualquier motivo ajeno a su persona, también tenemos ganas de ~~cagarnos en todo lo cagable~~, porque hay días que el mundo se nos viene encima y ~~joder, hostia puta.~~

En fin, incluso yo he tenido que pensar dos veces cómo dirigirme a ti para no tener a nadie descontento, cosa que me ha interrumpido en ocasiones.

¿A quién me dirijo?

¿A vosotros?

¿A vosotras?

¿A vosotrxs?

O ¿a vosotr@s?

Espero que todo/a/x/@s hayáis acabado conformes.

Si no es así, ¡lo siento!

¡Mierda! Casi se me olvidaba pedir perdón por cada grosería.

¡Lo siento, joder!

¿NORMAL? ¿QUÉ ES SER
NORMAL?

EN MI OPINIÓN, LO
NORMAL ES SOLO
LO ORDINARIO.

LA VIDA PERTENECE A
AQUELLOS QUE SE ATREVEN
A SER DIFERENTES.

Oscar Wilde

Oveja negra

Qué aburrido sería el mundo con personas totalmente idénticas en todo, con clones.

Y cada vez veo más intentos para conseguirlo.

Con lo bonito que es poder ser distinguidos entre toda una multitud...

Pero soy consciente de que por miles de motivos cuesta desviarse del camino que siguen todos, debido a que la diferencia, en cierta forma y desgraciadamente, nos ha hecho más débiles.

Sí, acuérdate del rarito o rarita que tenías en clase. Quizá incluso fuiste tú.

Parece ser que al diferente se le castiga por el hecho de no seguir el mismo camino que el rebaño y acaba apartado cual bicho raro.

Ese bicho raro que cada día intenta pasar desapercibido para evitar ser visto.

Ese bicho raro que, al cabo del tiempo, viendo que nada se soluciona y todo va a peor, se acaba encerrando porque piensa que es mejor estar oculto, como buen monstruo que es.

Al ver que escondiéndose tampoco consigue nada, decidirá volver a intentarlo, esta vez siguiendo el mismo camino que todos los demás.

Por desgracia, no tiene las herramientas necesarias para hacerlo porque jamás le ha interesado lo más mínimo escoger ese rumbo.

Decidirá volver a esconderse un largo tiempo.

Y llegará el momento en el que no le quedará otra que elegir entre dos opciones:

Irse para siempre o salir y aguantar vivir así.

Igual ese era el día a día del rarito de tu clase.

Igual nadie se daba cuenta y hoy día nadie se acuerda ni de su nombre.

Esa persona marginada igual sí que se sigue acordando de cada nombre y apellidos por orden alfabético.

O no, porque igual ya no está.

SI TODOS FUÉSEMOS EN
LA MISMA DIRECCIÓN,
EL MUNDO VOLCARÍA.

Ojalá

Ojalá nunca nos hagan daño y, si lo hacen, ojalá nos demos cuenta pronto de que es lo mejor que nos ha podido pasar.

Ojalá sigamos desgarrándonos la voz por lo que queremos y merecemos.

Ojalá podamos salir a la calle como queramos y sin miedo.

Ojalá veamos más salidas y menos baches.

Ojalá encendamos el televisor y solo podamos ver noticias buenas.

Ojalá todos dispongamos de una botella de agua y de algo que llevarnos a la boca.

Ojalá no tengamos que preocuparnos por no encontrar trabajo.

Ojalá nos preparen para ser buenas personas y no buenos trabajadores.

Ojalá se acabasen las enfermedades o, por lo menos, pudieran ser curadas.

Ojalá tuviesen que cerrar las cárceles.

Ojalá los futbolistas ganasen menos y los friegaplatos cobrasen un salario digno.

Ojalá se acabasen los desahucios.

Ojalá nadie cogiese el coche yendo bebido.

Ojalá todo el mundo pudiera irse en paz.

Ojalá dejasen de extinguirse los animales.

Ojalá todos llegásemos a final de mes.

Ojalá dejase de importarnos tanto el físico y nos importara más la salud.

Ojalá desapareciesen todo tipo de armas con un simple chasquido de dedos.

Ojalá todos los niños pudiesen ir a la escuela y, si quisieran, a la universidad.

Ojalá nos ayudásemos más y nos dificultásemos el paso menos.

Ojalá todos nos casásemos por amor.

Ojalá en invierno siga haciendo frío y en verano siga haciendo calor.

Ojalá nunca se apague el Sol.

Ojalá vivamos como queremos.

Ojalá seas muy feliz.

Desvío

Un día, de repente, te levantas y te das cuenta de que ya no andas en la misma dirección que antes.

Ese momento en el que empiezas a replantearte muchas cosas y a buscar qué camino coger o no coger.

Ese instante en el que ves que no perteneces a nada, porque sabes que lo que estás haciendo actualmente no es lo tuyo.

¿Y qué es lo tuyo?

Muchas veces tomamos un camino sin cuestionarlo.

Lo hacemos porque es lo que se supone que se debe hacer, lo que todo el mundo hace.

Y lo que parece obvio no lo es, porque a todo el mundo no le gusta lo mismo.

Puedes adentrarte en una carrera y creer que es lo que quieres y has querido siempre, y una vez dentro de ella, solo querer huir por patas.

Y no se te puede juzgar por eso.

Nadie nos dice hacia dónde tirar, nadie sabe si nos va a ir bien ahí o en alguna otra parte.

No podemos elegir si no tenemos de cara todas las opciones posibles.

Debemos tantear todos los terrenos posibles y probar cosas hasta el día en que lleguemos a algún sitio y queramos quedarnos.

Difícilmente podríamos llegar a ese sitio si no sabemos que existe.

Aunque en este momento estés haciendo lo que verdaderamente te gusta, estoy segura de que antes pensabas en muchas otras alternativas.

Y si ese no es tu caso, posiblemente el camino en el que te encuentres ahora mismo solo sea una etapa necesaria de tu vida.

Cada vez estás más cerca de lo que quieres.

Así que ponte tus zapatos más cómodos, ármate de valor y empieza a caminar.

NADIE ENCUENTRA SU CAMINO SIN HABERSE PERDIDO VARIAS VECES.

Cantidad & calidad

Es totalmente cierto eso que dice la gente de que los amigos se cuentan con los dedos de una sola mano.

Puedes pensar que tienes muchos amigos, pero, a la hora de la verdad, apuesto a que solo serán unos pocos los que tenderán su mano para ayudarte cuando lo necesites.

No eres mejor por tener muchos amigos ni peor por no tenerlos a montones.

Puede que la persona que acaba de llegar sea una de esas personas con las que puedes contar para toda una vida, aunque aún no lo sepas.

Porque no hace falta conocer a una persona desde hace muchos años para calificarla como alguien importante.

A veces, en los peores o incluso en los mejores momentos, llega alguien que te pone el día patas arriba y consigue sacar la mejor versión de ti mismo.

Y esa es la función de ser amigo.

Los amigos son la familia que escogemos y con los que pasamos momentos inolvidables.

También es totalmente cierto eso que dice la gente de que tener un amigo es tener un tesoro, aunque yo puntualizaría esa afirmación y diría que «tener un amigo de verdad, sí que es tener un tesoro».

Es increíble poder contar con gente tan diferente y crear una afinidad y una unión tan fuerte.

¿No te parece?

Y es curioso, porque en muchas ocasiones nuestros actuales grandes amigos son los que antes nos caían fatal, los que no soportábamos.

Valoro muchísimo poder seguir manteniendo una relación de amistad con mis antiguos compañeros de primaria.

Todos coincidimos en la opinión de que pasamos una infancia maravillosa rodeados de gente que merecía la pena y que ahora la merece mucho más.

El hecho de poder juntarnos todos, cosa que cada vez es más complicada, y pasar un buen rato juntos es motivo de felicidad.

Adoro poder recordar todas las vivencias y trastadas que hicimos y todas las tonterías que podíamos llegar a decir cuando éramos unos chiquillos.

Al no poder vernos tanto como nos gustaría, valoramos cada ratito posible y regresamos a casa con una sonrisa en la cara y una gran nostalgia en el alma.

Porque los amigos son como las estrellas, a veces no los puedes ver, pero si son de verdad siempre están ahí.

Enséñame a querer

Querer es un arte.

Por ello cada cual lo entiende y lo interpreta a su manera.

Siempre se ha dicho que somos la mitad de una naranja.

Esa triste mitad que tiene la gran misión de buscar a su otra mitad para poder ser completada y, por fin, pasar de ser una naranja amarga(da) a ser una naranja feliz.

O vivo en otra dimensión o he de plantearme seriamente el comprarme unas buenas gafas, porque no tenía ni idea de que a todos nos faltase la mitad del cuerpo.

Tú y yo somos naranjas enteras dispuestas a decidir si queremos juntarnos con otra o no, porque igual eso no está en nuestros planes.

Nadie necesita a otra persona para completarse y nadie ha de cargar con la responsabilidad de completar lo que supuestamente nos falta.

El amor bueno se forma con dos naranjas enteras dispuestas a rodar juntas, siempre respetando la forma de rodar de la otra.

El amor bueno no duele ni causa angustia, no tiene miedo.

No sufre a diario ni deja de hacer lo que verdaderamente quiere.

El amor no son los celos como muestra de cariño.

El amor no es sacrificio, porque en el momento en que te lo planteas eso ya no es amor.

No es un «sin ti no soy nada» porque tú ya eras antes de conocerle, eres ahora y serás siempre tú.

El amor no retiene, no obliga, no amenaza, no prohíbe.

No le llames amor a esto, porque no lo es.

El amor es de todos los colores y para todos los colores.

Es a todas horas y todos los días.

El amor no tiene género, ni raza, ni religión, ni edad, ni discapacidad.

El amor no lo puede todo, pero sí te hará mejor.

El amor es para los valientes y los cobardes.

El amor es para quienes se atreven a amar de verdad.

EL AMOR ES UN ARTE,
PERO NO TODOS SON
ARTISTAS.

Ahora o nunca

El momento siempre es ahora.

Es el momento de atreverse a hacer esa locura que se te pasa por la cabeza de vez en cuando y que por algún motivo nunca acabas haciendo.

Es el momento de salir con tus personas favoritas y crear anécdotas que años después recordarás con nostalgia.

Es el momento de aprender un idioma nuevo o a tocar ese instrumento que tanto te ha llamado siempre la atención.

Es el momento de investigar a fondo qué es lo que quieres y descartar qué es lo que jamás querrás.

Es el momento de coger un avión y lanzarte a la maravillosa aventura de descubrir un nuevo lugar.

Es el momento de soñar a lo grande y abrir un abanico de infinitas posibilidades.

Es el momento de fallar y permitirte el lujo de caerte al suelo repetidas veces.

Es el momento de arrasar con las cadenas que te impiden avanzar.

Es el momento de aprovechar el tiempo con lo que de verdad te gusta.

Es el momento de innovar y dar el paso.

Es el momento de rectificar y pedir perdón.

Es el momento de enamorarte de ti y de la vida.

Es el momento de dejar de pensar en lo que podría pasar y hacer que pase.

Es el momento de disfrutar de los pequeños momentos de intensidad que te ofrece la vida.

Es el momento de salir y entrar.

Es el momento de reír a carcajada limpia y llorar como si no hubiese un mañana.

Es el momento de conseguir metas y fijarse nuevos objetivos.

Es el momento de meterse en el agua del mar.

Es el momento de tirarse de cabeza.

Despierta.

Te estás perdiendo tu cita con la vida.

Furiosx

He crecido pensando que la rabia no era buena.

Que era algo que tenía que ocultar, evitar e incluso reprimir.

Que yo era lo peor de lo peor por permitirme sentir algo así, porque sentir rabia es sinónimo de tener el corazón envenenado.

O de ser un perdedor y no aceptar una derrota.

O de estar despechado.

¿Cómo debe actuar un perdedor, algún despechado o ese monstruo con el corazón envenenado?

Parece ser que callando y aguantando.

Ahora, con unos años más y unas cuantas lecciones aprendidas, he comprendido que la rabia es necesaria, igual que cualquier otra emoción.

Que a veces lo que necesito es gritar y vaciar todo lo que llevo dentro para poder volver a llenarme, esta vez de algo mejor.

He comprobado que lo único que consigo al evitarla es sentirla cada vez más y más fuerte.

Se expande.

Me quema.

Y termina consumiéndome.

Cómo si se tratara de una droga.

Por eso te pido y me sigo pidiendo, un día, o dos, o tres, o todos los días que necesite para gestionar de la mejor manera posible ese coraje, esa rabia.

Siéntela y disfrútala como quieras.

O no: simplemente ódiala y lucha por librarte de ella.

Rebélate y deja que se vaya para poder seguir con lo que verdaderamente importa, que es estar bien.

Tómate esos días como los que destinas a curarte de un resfriado más.

No hay emociones positivas o negativas, todas son necesarias para nuestro crecimiento.

Lo único malo es dejar esa emoción encerrada en el cuerpo y evitar que salga.

Ese pequeño gran monstruo que te invade necesita ser despedido.

Vomítalo todo y tira de la cadena.

Siente el gusto de haberte liberado de eso que decían que no debías mostrar.

Cobardía

Huir nunca fue la solución.

Pero tú, cobarde, sigue huyendo.

Huye de esos problemas que dices no poder afrontar de frente, lárgate sin dar explicaciones y sigue creyendo que tú, realmente, eres un valiente.

Huye de un lugar y dirígete a otro.

En cuanto llegue una nueva adversidad a ese lugar, necesitarás otro billete solo de ida.

Sigue inmerso en ese bucle en el que eres prisionero de ti mismo.

Deja con la palabra en la boca a toda esa gente que tiene algo que decirte, simplemente para evitar escuchar una gran retahíla de verdades que tu tremendo ego jamás podrá aceptar.

Sigue sin permitirte equivocarte, no te atrevas a pedir perdón.

Porque para ti eso es la cobardía: achantarte y reconocer que tú también fallas.

Me fascina la habilidad que tienes de poder dejar las cosas a medio hacer y que nada te reconcoma por dentro.

Te escribo con rabia.

Por hacerme creer que eras de esas personas que afrontaban las situaciones de la manera más madura posible y demostrarme que realmente hablabas en simple antónimo.

Sigue huyendo. Rompe esta carta.

Olvida todo lo que he escrito si es que te has atrevido a leerlo.

No eres más que un crío encerrado en el cuerpo de un adulto, intentando aparentar lo que no es.

Muestra tus miedos, cobarde.

Deja de fingir que no sientes miedo, cuando eres el primero en salir corriendo cuando suena la alarma en un simulacro.

No muestres tu verdadera cara.

Sigue pensando que nadie sabe más que tú.

Nunca llores, cobarde.

Jamás te quites los auriculares en el momento que alguien tenga que decirte cuatro cosas.

Sigue así.

Cobarde, sigue intentando huir del verdadero gran único problema del que jamás podrás escapar.

Tú mismo.

Pecado

En mí habita un fantasma que sobrevive por y para atormentarme.

Vive aquí porque un día accedí a abrirle mis puertas.

Su principal función y el motivo de su inesperada visita es recordarme a diario todo eso que un día hice mal.

Para regodearse siempre que provoca que recuerde todo lo que algún día pude causar.

Ese fantasma sin nombre se acerca cada noche a mi habitación antes de que pueda conseguir dormirme y se encarga de repetirme todo lo que se supone que necesito recordar para siempre.

Cierro los ojos con fuerza para intentar evitarlo, pero es imposible.

Viene conmigo a todas partes y, de vez en cuando, dice querer verme condenada.

Dice ser el juez que necesito para sentarme en la silla de los acusados.

Cuando intento dejar de escuchar sus voces y me dispongo a salir a pasar un buen rato, me persigue diciéndome que no soy merecedora de sonreír y me ordena que vuelva a esa cama de la que había salido, en la que debería estar postrada llorando.

Pese a que mi propósito siempre es dejar de escucharle, me invade con su niebla negra y acaba siendo quien decide por mí.

Siento que cada día se apodera más de mi cuerpo y de mi alma.

Por mucho que lo evite, lo ignore o lo intente destruir, sonríe porque piensa que jamás podré deshacerme de él.

He vivido con la esperanza de ver llegar el día en el que ese maldito espectro me abandone.

Ayer descubrí que su nombre es Culpa.

Y ayer me di cuenta de que, descubriendo quién era, podría repelerle.

Hoy ha intentado volver a entrar por un hueco mal cerrado.

Su criptonita era que yo supiese cómo se llamaba.

Conociéndole, sabiendo quién era, soy yo la que decide que en mi casa jamás volverá a entrar.

Presión

Cuando era pequeña, empecé a especular sobre un pensamiento que había tenido y pensé que con él revolucionaría el mundo de la investigación.

Mi teoría infantil era que todas las personas éramos una especie de marionetas manipuladas por unos extraterrestres que decidían todos y cada uno de nuestros movimientos.

¡Pobre ingenua!

Esos extraterrestres de los que hablaba resultamos ser todos, porque la mayoría seguimos los mismos patrones.

Solo basta con mirar a las personas que caminan por la calle. Siempre preocupados por cosas banales que, precisamente por eso, la mayoría de las veces no tienen importancia.

Todos solemos comer a la hora de comer y dejamos de dormir nuestras horas por ver la serie que todo el mundo está viendo.

Tendemos a hacer aquello que hacen todos los demás. Cuando alguien se percata de que el común de la gente discrepa con su postura, tiene tendencia a cambiar de opinión para acercarse más al resto y evitar ser marginado.

Mientras estudiaba marketing, caí en la cuenta de que para convencer a alguien de que compre algún producto lo mejor es decirle que a mucha gente le gusta.

Sin decirle, claro, que hiciera lo mismo que los demás.

Todos preferimos pensar que hacemos las cosas a nuestra manera o, al menos, pensar que lo conseguimos.

Porque vivimos con una presión que nosotros mismos hemos creado:

A los treinta, como máximo, ya tienes que tener pareja para poder formar una familia.

El momento para estudiar una carrera es cuando somos jóvenes.

Al cumplir la mayoría de edad, hay que sacarse el carnet de conducir.

Tenemos que estar y ser perfectos.

Y un largo etcétera.

Si la presión social tuviese Instagram, todos le daríamos a SEGUIR.

Hazlo fácil

Recuerdo el día en el que fui a hacer mi primera entrevista.

Estaba hecha un flan. Estaba nerviosísima por no saber qué tipo de preguntas tendría que responder.

Me preparé mucho para ello y la verdad es que salió genial.

Me contrataron en una tienda de zapatillas deportivas y al llegar el primer día de trabajo volvieron esos nervios del día de la entrevista, pero multiplicados por cien mil.

Mi primer día fue una locura. Me decía a mí misma constantemente: «¿Dónde te has metido?».

No paraba de recibir información y sentía que no podía retener en mi cabeza absolutamente nada. Me sentía imbécil.

El segundo día me llevé una libreta y un boli para apuntar todo lo que debía aprender y así no tener que preguntar constantemente a mis compañeros.

Pasaron las semanas y terminé aprendiendo el modo de trabajo de esa gran empresa, pero en ocasiones tenía que hacer preguntas que no podía resolver mi libreta.

Siempre he sido muy sociable, pero desde el primer momento noté en ese ambiente cierta tensión. Por ello tanteé el terreno antes de mostrarme tal cual soy.

Me encontré con varias malas contestaciones y ciertos gestos poco altruistas.

Pensé que igual habría cierto descontento por algo que se me escapaba y dejé que pasara el tiempo a ver si la situación cambiaba.

Empecé a sentir que lo único que quería era que fuese la hora de salir de esa tienda.

Miraba el reloj cada cinco minutos.

No hablaba con nadie. Parecía que a nadie le había gustado que me incorporara a la plantilla, algo que jamás me había pasado.

El día que una compañera se acercó a mí para comentarme algo que ya no consigo recordar, escuché un gran chillido de mi jefa.

Dijo mi nombre a gritos acompañado de un «¡aquí se viene a trabajar, no a cuchichear!».

En la tienda había clientes que se quedaron boquiabiertos ante esa situación tan incómoda.

Yo me quedé en blanco.

Entré al almacén a intentar asimilar lo que acababa de pasar.

De pronto, empecé a escuchar que alguien se acercaba a mí.

Sí, obviamente era la jefa.

Volvió a levantarme la voz.

Esta vez para decirme que no era mi hora de descanso y que tenía que salir a trabajar, que para eso me había contratado.

Ante esa situación tan *heavy*, lo único que quería era preguntarle la razón de tanto mal rollo. Era mi primer trabajo y quería averiguar si se sentía descontenta porque a mí me costaba más que a los demás.

Cuando su discurso a gritos iba por la mitad, decidí salir por la puerta.

Acompañé mi salida con un «que te follen» que me dio la vida.

Al llegar a casa rompí a llorar.

No entendía nada. Me sentí imbécil durante mucho tiempo y cogí miedo a la idea de entrar a trabajar en otro sitio.

Afortunadamente, en los siguientes trabajos en los que estuve conocí a gente maravillosa que me tendía la mano si lo necesitaba, y yo a ellos.

Cuando pasé de ser «la nueva» a ser una fija, quise tener a los nuevos cerca de mí para hacérselo fácil. Porque tuve que aprender que las apariencias engañan y que hay jefes muy gilipollas.

No me juzgues

No soy todo lo que ves, pero tampoco ves todo lo que soy.

No me juzgues por el hecho de querer vivir a mi manera.

No te permitas el lujo de valorar cómo he decidido vivir mi vida.

De veras, no me ayudas en nada.

Ayúdame a ver más allá si crees que no estoy en lo correcto, intenta convencerme de lo que tú quieras y creas que debería hacer. Regálame todos los consejos que puedas, prometo que los guardaré y analizaré si considero que lo he de hacer.

Pero no me juzgues.

Acéptame con mis defectos y con mis virtudes.

O no: no tienes por qué hacerlo.

Pero deja de juzgar el camino que he decidido escoger.

Respeta como soy, déjame ser.

Permíteme equivocarme. No soy perfecto, tampoco vivo para serlo.

Entiende que mis gustos no pueden ser los tuyos, opino distinto y actúo de la manera que creo que es mejor para mí.

No somos iguales y tampoco me gustaría que lo fuésemos.

No juzgues mis decisiones, sobre todo si no conoces mis razones.

Tampoco juzgues mi pasado porque hace mucho tiempo que dejé de vivir en él.

Fue mi historia, tal vez hoy en día no me sienta orgullosa de ella o tal vez sí.

No hurgues en un pasado que dejó de existir en el momento que yo lo enterré.

No me juzgues por mi cuerpo, por mi peso, por mi piel o por mi condición.

Soy como quiero ser, porque puedo y porque quiero serlo.

No tengo que pedir permiso para ser yo.

¿Quién es quién para decir cuál es cuál?

Todo es válido, no hay cosas ni mejores ni peores, simplemente hay cosas que tú jamás te atreverías a escoger y para eso ya estamos unos cuantos.

Deja de perder el tiempo fijándote en mí y mírate más al espejo, que desde que te fijas en mí te salen sarpullidos.

Te echo de menos

Necesito dejar de necesitarte.

Porque tú te lo mereces.

No te mereces que hoy te diga que te quiero e igual mañana mi discurso empiece con un «Ya no es lo mismo».

Tú has sido la persona encargada de hacerme ver más allá.

Me has mostrado carreteras que no sabía que existían y posibles atajos para llegar antes a ellas, pero sobre todo me has acompañado a descubrirlas.

Me has enseñado la importancia de cada minuto vivido.

Enseñándome lo que es vivir con intensidad, con energía y sin tanto miedo.

Eres ese alguien del que estaré hablando de por vida.

Porque tú me has ilustrado en el arte del ser consciente, en las buenas y en las malas.

Ahora sé que fallo. Y fallo mucho.

Pero fallo porque necesito fallar, para conocerme de la manera más leal posible.

Fallo gracias a ti. Y acierto por lo mismo.

Te echo de menos tanto como el día en el que decidí irme.

Lloro menos, pero te quiero más.

Lo fácil sería salir a buscarte y calmar esta ansia que me corroe, pero también sé que sería lo egoísta.

Tú me has enseñado a saber sobrellevar todo esto.

Estaré bien.

Tal vez llegue el día en el que podamos estar juntos o quizá conozcamos a otra persona que nos haga cambiar de opinión.

Lo que está claro es que para mí tú fuiste, eres y serás la persona que consiguió dar respuestas a todas las preguntas que tenía.

Fuiste la persona correcta en el momento correcto.

O puede que en el momento equivocado.

No sé, te sigo echando de menos.

Meta

Al escoger un objetivo para alcanzar, solemos fantasear con el eufórico momento de cruzar la línea de meta.

Ese momento en el que sientes que por fin has logrado aquello por lo que llevas trabajando un largo período de tiempo.

Esa sensación que llena el cuerpo de una enorme complacencia y de una felicidad absoluta.

Pienso que no hay mejor percepción en el mundo que la de sentirse orgulloso de uno mismo.

Pero en el momento del camino, antes de llegar a ese esperado final…

¿Disfrutamos de los pasos que damos?

Quedan muy pocos días para que tenga que hacer la entrega del libro.

Tengo una mezcla heterogénea de sensaciones que, a ratos, son contradictorias.

Estoy feliz de poder haber acabado todo este proyecto y con ganas de poder adentrarme en el siguiente, sí, estoy muy feliz por ello.

Pero, a la vez, siento como si se adentrase en mí una especie de nostalgia, de vacío, al desligar de mí esos momentos de escritura intensa y terapéutica.

Al dejar de lado una rutina que había creado y que hacía que me sintiese muy muy bien.

Está claro que puedo seguir haciéndolo de todos modos, pero sé que no va a ser lo mismo.

Y en todo esto me he puesto a pensar hoy.

Hace unos días te habría dicho que estaba deseosa de poder hacer la entrega porque tendría tiempo de hacer otras cosas que también me apetecen mucho.

Pero lo que quiero decir es que deseamos tanto llegar a esa meta idealizada que en ocasiones no disfrutamos del camino que recorremos para llegar a ella.

Cada paso que damos es un motivo más para llegar a aquello que deseamos.

Avanzamos para obtener esa maravillosa sensación y desenlace.

Por ello, si vas a hacer algo grande o algo importante, disfruta del momento.

No te frustres, camina a tu ritmo y sé consciente de lo que estás consiguiendo.

EL ÉXITO ES LA REALIZACIÓN PROGRESIVA DE UNA META O IDEAL QUE MEREZCA LA PENA.

Earl Nightingale

Inconformista

Practicante del liberalismo.
Que no acepta el orden político, social o moral
en el que vive.

Confórmate con lo que tienes, pero nunca te conformes con menos de lo que te mereces.

Piensa por ti mismo, deja de querer seguir a la mayoría.

Sé consciente de que en ocasiones te equivocas.

No temas a lo desconocido, alza mucho la voz para que todos puedan escucharte.

Intenta mejorar todo lo que puedas y más, sé consciente de que aún puedes dar más de ti.

Ama todo lo que haces.

La única forma de estar satisfecho es hacer lo que consideras que es algo genial. Y la única forma de hacer algo genial es amar lo que haces.

Inconfórmate.

Deja de ser cómplice de tu propia insatisfacción y deja de conformarte con menos de lo que quieres.

Porque mereces todo lo que puedes llegar a dar y más.

Que no te engañen.

Descifra todo aquello que deseas de verdad y dilo en voz alta.

Nunca aceptes aquello que no quieres, eso no cubrirá tus necesidades ni reflejará tu identidad.

Deja de conformarte con lo que te dan y sal a buscar lo que quieres realmente.

Puedes llegar a la excelencia si quieres; eres único.

Tienes ese algo que solo tienes tú.

Deja huella, brilla, déjame ver el exclusivo iris de tus ojos.

Si las cosas no salen como quieres, repítelas. Cada vez te saldrán mejor.

Salta lo más alto posible, algún día tocarás el cielo.

Apuesta por ti y por tus sueños.

Ayer, hoy, mañana y siempre.

Procrastinación

Si hubiese un concurso de procrastinación, estoy completamente segura de que yo quedaría en los primeros puestos.

Soy una procrastinadora de campeonato.

De hecho, estoy escribiendo este texto escasos minutos antes de entregar el libro a mi editora.

A última hora, como siempre.

Nosotros vivimos plenamente en el momento actual. Aquí y ahora.

El pasado queda olvidado y el futuro ya vendrá cuando tenga que venir. Por ahora no nos preocupa porque ya llegará el momento en el que de verdad tengamos que preocuparnos.

Estamos acostumbrados a dejarlo todo para mañana.

Y al final ese mañana nunca llega o llega repleto de pánico.

¡Es que tenemos mil distracciones!

Que si wasaps, redes sociales, anuncios, la mosca que persigue a otra mosca que tiene un ala y, aun así, vuela…

Y posponemos, posponemos, posponemos… hasta que nos encontramos con un abismal caos lleno de posposiciones que ahora nos tendremos que comer con patatas.

En ocasiones me he sentado al escritorio, frente al ordenador, para disponerme a escribir y de repente me he visto doblando la ropa que tenía encima de la cama mientras también pensaba en leer ese artículo que antes no pude leer porque no me dio tiempo.

Y pasan tres, cuatro, cinco o incluso seis horas, y me acabo dando cuenta de que yo estaba hace unos escasos minutos (repito, seis horas) escribiendo y, por desgracia, se me ha hecho tarde y dejo el texto para mañana.

Me autoconvenzo. Y al día siguiente vuelvo a decir lo mismo.

Y así durante toda la vida con casi todo.

Me encantaría poder ser cumplidora del refrán «No dejes para mañana lo que puedas hacer hoy».

Porque la procrastinación es el enemigo de los grandes sueños, de los propósitos de Año Nuevo y de los objetivos que queremos cumplir.

Desde aquí, me comprometo a no volver a dejar las cosas para mañana y empezar a tener mañanas libres de culpa y agobio.

Deja de postergar acciones, deja de guardar ese collar para ocasiones especiales.

Si esperamos hasta estar preparados, nos pasaremos esperando el resto de nuestras vidas.

Pausa

Alguna que otra vez he tenido la necesidad de frenar y tomar aire para poder seguir el camino de mejor manera, sin ahogarme.

Siempre he sentido que todos tenemos la necesidad de tener un momento de pausa, de no importa cuánta duración.

Parar para poder pensar.

Pensar para poder seguir.

Seguir para poder llegar.

Estamos sometidos a grandes dosis de estrés y movimiento constante y, en consecuencia, dejamos de pensar en las pequeñas cosas de la vida.

Aquellas que a menudo pasan desapercibidas por culpa de tanto ajetreo.

Porque vivimos de aquí para allá, de arriba para abajo, desbordados por tareas, viajes, compromisos…

Y en medio de tanto bullicio, no nos permitimos un minuto para pensar en qué estamos haciendo y por qué motivo.

Frena.

Frena para poder salir de nuevo más fuerte, más rápido, más fácil.

Deja de preocuparte tanto por el trabajo y presta más atención a la gente de tu alrededor, porque igual hay algo que te estás perdiendo.

Llega a casa y olvídate de todo lo que ha ocurrido en esa oficina o en ese lugar en el que pasas tantas horas al día.

Olvídate de todo eso y disfruta más.

Regálate momentos.

Concédete una escapada, sal a tomar un par de cervezas o un café.

Si lo necesitas, hazlo ya.

¿Cuándo es el momento de poder disfrutar?

Siempre ahora.

No dejes de lado tus responsabilidades, pero no te prives de pasar grandes momentos y aventuras.

Despierta de la monotonía y empieza a combinar responsabilidad con el gozo que te mereces.

Lejos

Hubo una época en la que parecía dormir con los ojos abiertos, consciente de todo y consciente de nada al mismo tiempo.

Sintiéndome fuera de la realidad, de mí misma, de los demás.

Una sensación extraña a la par que incómoda rondaba mi pensamiento las veinticuatro horas del día.

Pues sentía no conocerme.

Es algo irritante convivir con alguien a quien no conoces de nada y más aún si esa persona eres tú mismo.

Y da mucho miedo.

Algo (y digo algo porque aún hoy en día no sé a qué o a quién referirme) me separó de mi más pura esencia, de quien realmente era o creía ser.

Toda esta monumental locura transitoria fue consecuencia de las preocupaciones, las presiones y las exigencias que llevaba tiempo soportando.

Mi cuerpo decidió descansar sin mi permiso.

Quizá me lo pedía y yo no supe dárselo.

En ese momento no era nadie en un cuerpo de alguien que siempre había querido ser algo en cualquier sitio.

Era como haber muerto en vida. Igual eso fue lo que experimenté. Quién sabe.

Lo único que necesitaba y que no me estaba dando era un simple respiro. Una tregua.

Para dejar de torturarme con todas y cada una de las adversidades que creía tener, porque he de decir que tampoco eran tantas.

Pero, claro, ahora lo veo desde el lugar bueno.

La locura del día a día termina volviéndonos majaras hasta el punto de olvidarnos de quiénes somos.

Solo tenemos que conseguir salir de ese montón de ruido que atormenta y mirar desde el lugar bueno.

Desde el optimismo.

Cuando todo pasa y por fin vuelves a sentirte conectado, todo vuelve a cobrar sentido.

Y en el fondo, agradeces poder haber tenido una especie de vacaciones fuera o dentro de tu propio cuerpo. Por lo menos fueron gratis.

Adrenalina

Siempre ha sido una de mis palabras favoritas.

«Adrenalina»... ¡qué bien suena!

La definiría como una especie de adicción.

Eso que sentimos pocas veces, pero que deseamos volver a sentir.

O mejor, sentir más.

Ese intenso momento en el que el corazón se dispara y la euforia envuelve el cuerpo.

Esa euforia que se siente en situaciones de pánico, ansiedad, riesgo, de máxima energía…

Se siente cuando alguna cosa llega a emocionarte, y entonces puedes notar el calor recorriéndote las venas hasta llegar al corazón, que, de pronto, comienza a acelerarse.

Cada vez más rápido, como si de un susto se tratase.

La acompañan ciertos escalofríos que hacen que la piel se erice y que el momento sea más intenso.

Como aquella primera cita.

Como el primer beso.

Como el primer viaje.

Como ese primer discurso en público.

Como aquel regalo inesperado.

Como la espera de recibir a esa persona.

Como aquella montaña rusa.

Desde aquí, exijo más euforia.

Generación de luchadores

Millennials, Generación Y.

Somos la generación que no se conforma con el simple hecho de existir.

La generación que quiere cambiar el mundo y que aún no sabe por dónde empezar.

La generación altruista, dispuesta a tender la mano a quien lo necesite.

La generación que se sensibiliza ante las injusticias del día a día.

La generación que estudia con la ayuda de YouTube y que le consulta el tiempo a Siri.

La generación que busca la igualdad de sexos y razas.

La generación de deseosos emprendedores.

La generación que no puede confiar en los bancos ni en los políticos.

La generación que afronta de cara el paro.

La generación de los ninis, sin futuro, que solo están con el móvil.

La generación que se cría de la mano de la tecnología y la hace su aliada.

La generación que quiere dejar huella en la historia.

La generación que sigue escuchando a Michael Jackson.

La generación que quiere vivir una vida interesante.

La generación que no quiere vivir para trabajar, sino trabajar para vivir.

La generación que se va más tarde de casa de papá y mamá.

La generación que tendrá que arreglar ciertos errores de otros.

La generación de luchadores y luchadoras por el bien común.

La generación del feminismo, de nuevo.

La generación de las *bloggers*, *influencers* y *youtubers*.

La generación comprometida con el medio ambiente.

La generación que sale a la calle para ser escuchada.

La generación de un nuevo e innovador arte.

Millennials, ¡a por todas!

Última parada

Aquí me bajo.

En el lugar en el que ser diferente no es motivo de preocupación, sino de brillo propio.

En el que con un simple chasquido de dedos alguien convirtió las armas en pistolas de agua de colores.

En el que si me caigo alguien estará dispuesto a ayudarme sin esperar nada a cambio.

En el que todos bebemos agua potable y podemos comer chocolate.

En el que nadie es más que nadie, porque todos somos iguales.

En el que vivir es una aventura constante.

En el que no existe el plástico.

En el que no tengo miedo de nada.

En el que las preocupaciones y problemas se resuelven con una simple ecuación de primer grado.

En el que todos se juntan para celebrar estar vivos.

En el que nacen bebés de todos los colores y de todas las maneras.

En el que estudiar es totalmente gratis y las escuelas abren para todos los que quieran entrar.

En el que los médicos trabajan muy de vez en cuando.

En el que los políticos son héroes.

En donde todos los mares son vírgenes.

Aquí me quedo.

En el sitio por el que no temo caminar sola, ni de noche ni de día.

En el que puedo vestirme y ser quien quiero ser.

En el que no tengo miedo de salir a correr

En el que no tengo que maquillarme para ninguna entrevista.

En el que puedo confiar en los demás.

En el que cumplo todos y cada uno de mis sueños

Aquí me quiero.

El color negro

Un día nació un color
Era el color negro
Estaba repleto de amor
Pero un día murió de dolor
Ese día nació el dolor
Por el pobre y triste color
Pero más tarde renació
Y todos juntos dijimos: «Mírenlo»
Todos juntos lo miramos
Y todos llorando estábamos
Nunca lo volveríamos a dejar
Ni aunque el Sol dejase de brillar

Escribí este poema con diez años para un concurso literario que hacían cada año en mi escuela.

Recuerdo perfectamente ese día y perfectamente el poema.

Lo escribí después de volver del recreo.

Hacía pocos días que había llegado un niño nuevo a clase.

Cyrille venía de Camerún y no sabía cuántos años tenía. Eso era motivo de risas para muchos y de gran impresión para mí.

No podía creer que no supiese su edad.

Recuerdo ver susto en su mirada cada vez que alguien se le acercaba.

A la hora del recreo, decidí acercarme a él porque estaba solo y sin almuerzo.

Le ofrecí la mitad de mi manzana y no la quiso probar.

Intenté comunicarme con él con las únicas palabras que había aprendido en clase de francés, pero finalmente ambos optamos por el lenguaje de signos.

Entendí que había llegado en un barco con su padre y su hermana menor y que no, que no sabía la edad que tenía.

Empecé a mostrarle con los dedos la edad que tenía yo y de repente sonrió.

Me acuerdo perfectamente de su sonrisa. Era de anuncio.

Me preguntó dónde estaba el lavabo, le acompañé y le dije que viniese donde yo estuviese cuando saliera.

Al ver que tardaba mucho, fui a buscarle.

Mi sorpresa fue tremenda.

Lo encontré llorando por culpa de dos imbéciles que eran más mayores que yo.

Intenté preguntarle qué había ocurrido y lo único que hacía era señalar con insistencia su piel.

Cyrille me hizo ver algo que para mí era totalmente desconocido.

Me enseñó la discriminación que sufría por su color de piel.

¡Algo que yo jamás me había planteado!

No pude entender la humillación tan gratuita que pudo vivir.

Cuando aprendió algo de castellano siempre repetía:

«Me da igual, yo soy más fuerte que todos los demás».

Y tanto que lo era.

Le podían decir lo que les diese la gana.

Con su fina y elegante indiferencia disparaba dardos envenenados a los que se creían que podían provocarle.

Al final se reía incluso.

Cyrille me enseñó miles de cosas.

Puede que esté aquí, en cierta manera, gracias a él.

Por él escribí el poema.

Gracias a él, gané el premio.

Gracias a ello, pude descubrir cómo me gustaba escribir.

Cyrille, je m'en fiche, je suis plus fort que les autres.

Defectuosx

De pequeña, cuando llegaba del colegio, me sentaba a mi escritorio dispuesta a hacer mis deberes lo más rápidamente posible para poder sentarme en el sofá a ver una de las muchas series que daban a la hora de la merienda.

Era fan de una en concreto en la que la protagonista era una chica muy inteligente, con mucho arte, pero según algunos muy poco agraciada.

Llevaba unas grandes gafas y una notable ortodoncia, por lo que era motivo de burla para unos cuantos.

En su momento fue una de mis series favoritas, hasta que llegó un día en el que empecé a odiarla profundamente.

Recuerdo el día que mi madre me llevó al oculista.

Me diagnosticó una ligera miopía y, en consecuencia, tuve que llevar gafas.

Poco tiempo después tocaba visita al dentista, quien le dijo a mi madre que lo mejor sería citarme para una revisión más extensa y valorar si necesitaría ortodoncia.

Al salir del dentista, con las gafas puestas, solo intentaba convencer a mi madre de que por favor no me pusiese esos aparatos metálicos en la boca.

Había visto cómo se sentía la protagonista de esa serie y lo último que quería era sentirme como ella.

Recuerdo que pasé unos días con una desagradable sensación de ansiedad. Temía ser el nuevo bufón de la escuela y perder a todos mis amigos.

En ocasiones también pensaba cómo romper las gafas para que pareciera consecuencia de un horrible accidente.

Y eso que, gracias a ellas, podía ver qué ponía mi maestra en la pizarra.

Finalmente, la visita al dentista confirmó que todo estaba perfecto y que no era necesario ponerme ningún aparato.

Noté cómo se caía ese peso que llevaba encima y podía volver a estar tranquila.

Hoy sé que toda aquella angustia que estaba sintiendo era totalmente normal y lógica.

Me habían enseñado por medio de series, películas o dibujos animados que las personas feas se hacen feas cuando se ponen unas gafas, una ortodoncia e intentan sacar buenas notas (en este caso, además, se les añade el mote de «pringadxs»).

Me gustaría haber visto series en las que la guapa y la popular fuese la que llevase gafas y aparatos y que algún día apareciese con algún que otro granito.

Me gustaría haber visto que si alguien se metía con ella todos vieran feo al que lo hizo.

ES MEJOR SER GUAPO
QUE BUENO Y ES PEOR SER
FEO QUE MALO.

Oscar Wilde

Compromise

Llega un día en el que te das cuenta de que prefieres dejar de salir todos los viernes como de costumbre y quedarte en casa con el pijama puesto y con tu persona favorita, dispuestos a hacer un gran maratón de películas.

En el que pasas de arreglarte para salir a cenar y escoges comer las sobras del día anterior.

En el que ya no es necesario esconder tus ganas de comer guarrerías y prefieres compartirlas con esa persona tan especial.

En el que la cosa más simple y redundante, como tirarse un pedo, se vuelve motivo de competición, aunque jamás hubieras pensado que pudiese ser tan divertido.

En el que sacarse puntos negros o espinillas se vuelve una rutina.

En el que no hay problema si la puerta del baño está abierta mientras te sientas en el retrete.

En el que te descuidas y empiezas a hablar como un bebé.

En el que hay besos por mucho que estés enfermx.

En el que guardas en una carpeta del móvil fotos ridículas que jamás podrán salir a la luz.

En el que hay una condición a la hora de ver series: los capítulos se han de ver juntos. Por ley.

En el que compartes zapatillas y siempre hay uno que tiene que ir descalzo.

En el que un día te toca cocinar y otro lavar los platos.

En el que cualquier hora es buena para sentarse juntos y charlar con un café.

En el que pones la música a todo volumen e intentas aprender una coreografía.

En el que juegas a cara o cruz para decidir a quién le toca hacer alguna tarea.

En el que te pregunta «¿Estás dormidx?» mientras duermes.

En el que dejas más hueco en el armario para que pueda caber la ropa de dos.

En el que descubres que alguien más comparte tus manías o, simplemente, las respeta.

En el que no puedes acabarte ese paquete de galletas porque alguien más querrá comer.

En el que hacerse masajes mutuamente se convierte en un ritual diario.

Y, en ese preciso día, te das cuenta de que has pasado una especie de prueba de fuego y has escogido al acompañante perfecto.

Porque no siempre la pareja se relaja, sino que se consolida de la manera más real y auténtica posible.

Porque la relación tiene diferentes etapas y hay que disfrutar de cada una de ellas sin echar de menos la anterior ni obsesionarse por la que está por venir.

Porque ahora somos lo que exactamente somos y dejamos que el otro sea exactamente como es.

Agradecimientos

No me puedo creer que ya sea la hora de escribir los agradecimientos.

He disfrutado esta experiencia como una niña pequeña con su piruleta. Me está dando mucha pena que se acabe.

En primer lugar, gracias a Penguin Random House, de parte de Blanchoak, por ofrecernos la maravillosa oportunidad de dejarnos un espacio en el que poder plasmar todo lo que queríamos gritar.

Gracias en concreto a Marta, por darme esa tranquilidad que tanto necesitaba en el proceso, por aguantar nuestros cambios y cambios y por tener tanta paciencia.

Gracias a la maravillosa mujer que me parió.

Por apoyarme en todas las decisiones de mi vida. Por acompañarme en todos los caminos que elijo tomar. Por ser madre y padre a la vez. Por enseñarme a trabajar duro. Por siempre hacer lo imposible para ayudarme y porque espero que hayas disfrutado tanto del libro leyéndolo como yo escribiéndolo. Espero que estés tan orgullosa de mí como yo lo estoy de ti. Gracias por ser mi musa en todos los procesos creativos de mi vida.

Te quiero.

Gracias a mi ángel de la guarda.

Por honorificarme dejándome ser la niña de tus ojos. Por enseñarme a ser una buena persona. Por guiarme con tu luz. Por hacer lo imposible para verme. Te echo mucho de menos, ojalá nos pudiésemos haber despedido. Por mucho que ya no estés aquí, siempre estarás en mi memoria.

Te quiero, abuelita.

Gracias a Paula.

Por ser mi compañera de viaje. Por ser la mejor consejera que podría tener. Por complementarte tan bien conmigo. Por ser la que conoce mi música. Por tus macarrones. Por enseñarme el verdadero valor de la amistad. Porque estoy segura de que algún día seremos unas ancianas que se intercambiarán bastones y seguirán siendo dos crías. Veintisiete.

Te quiero.

Gracias a Adrián.

Por tu paciencia. Por permanecer a mi lado. Por ayudarme cuando no tenía nada. Por seguir viviendo juntos algo que jamás quisiera que acabase. Por crecer juntos de la mano. Por acercarte a mí en cada capítulo. Porque siempre siga esta historia.

Gracias a Lucía.

Por ser mi hermana de otra sangre. Por nuestra maravillosa infancia. Por el otoño y la primavera. Por ayudarme en todo momento. Por ser tan idénticas. Por seguir viviendo experiencias de la mano. Por tu autenticidad. Por todas las galletas Simpson y por tus croquetas.

Te quiero.

Gracias a mis primos.

Por ser los hermanos que nunca llegué a tener. Por seguir permaneciendo unidos de por vida. Por nuestro apellido. Por recorrer el mundo juntos. Por seguir teniendo mala suerte cuando más de tres Chaos nos juntamos. Por más veranos en el pueblo. Por quererme tan bien.

Y a mis tíos y tías, por supuesto.

Os quiero.

A David, a Laura, a Marta, a Sonia, a Feli, a Rase y a todos los buenos amigos que me dejo.

A Alejandro Ordóñez, por el magnífico consejo que nos dio.

A vosotros.

Porque sin vosotros esto no sería nada.

Os damos las gracias por cada mensaje de apoyo y agradecimiento.

Por cada confesión y por acudir a nosotras para buscar ayuda.

Gracias por corregirnos cuando fallamos, siempre lo hacéis de la manera más constructiva y respetuosa posible.

Gracias por cada foto y por cada texto. De verdad, sois verdaderos artistas.

Esto está hecho directamente para vosotros.

Sois vosotros con nosotras.

No sé si he sido capaz de llegar a despertar en ti alguna emoción, pero si después de leer esto algo ha cambiado en ti, estoy más que satisfecha.

Espero que siempre seáis lo que queréis ser, porque os lo merecéis.

Espero poder seguir leyéndoos y ver lo bien que os está yendo todo.

Espero seguir creciendo en conjunto.

Ojalá cumpláis todos y cada uno de vuestros sueños. Queremos verlos.

Este es el final de un gran comienzo…

Venga, sal a comerte el mundo.

Auria

A mi musa más preciada, mi abuela, pero a la vez mi madre.

Por hacerme aprender que madre no es la que se te concedió, sino aquella que te enseña, te cuida y te protege.

Por hacerme la mujer que soy ahora, por estar conmigo incondicionalmente y por enseñarme qué es el amor verdadero.

La familia no se elige pero no podría estar más orgullosa de tener una persona como tú.

T'estimo.

A mi tía Tania.

Por ser mi segunda madre y un pilar incondicional en mi vida.

T'estimo.

A mi padre.

Porque, a pesar de la distancia, nada cambia, y es cuando volvemos a reencontrarnos que nos damos cuenta de eso.

Porque yo sin ti no soy.

Amo-te.

A Auria.

A mi compañera de vida, de trabajo, de risas, de llantos y de aventuras.

Porque la vida es más fácil cuando encuentras a alguien con quien te complementas tanto y con quien puedes ser tú misma en todo momento.

Ahí es donde te das cuenta de que, aunque no tengáis la misma sangre, ella es la definición de familia.

Siempre serás mi caos, pero mi caos favorito.

A Belén.

Por llenarme de felicidad todos estos años.

Por aprender juntas que todo lo malo es algo positivo para la vida y que juntas cruzaremos todas las tormentas que vengan.

Mi pequeña Pocahontas. Mi cangrejo. Mi parisina. Mi editora de fotos.

Mi segunda mitad. Mi mejor amiga.

Eres la suerte de mi vida.

A Gus.

Por seguir siendo un apoyo fundamental.

Porque, a pesar de nuestros altibajos, siempre encontramos la forma de superar cada uno de nuestros desafíos, y eso se llama amor.

Y esto que llamamos amor es lo que nos va a unir para siempre.

Jag älskar dig.

A Alexia.

Tú en Londres, y yo en Barcelona.

Pero a pesar de estar a 1.496,8 km nada ha cambiado y seguimos siendo las dos niñas de quince años que comíamos galletas y hacíamos sesiones de fotos al salir del colegio.

Sempre juntes, a distància.

A Nuria.

Gracias por hacer que el tiempo en una amistad no sea la clave de una gran amistad como la nuestra. Siempre nos quedará París donde me di cuenta de que conocerte fue lo mejor de aquel 2017 y lo sigue siendo a día de hoy.

Eres y serás un gato imprescindible en mi vida.

A Alexandra.

Gracias por ser una mujer valiente, fuerte y luchadora. Porque gracias a eso haces que los demás aprendan de ti.

Eres la magia que toda persona necesita.

Queen A.

A Paula, Guille, Patri, Alba, Carla, Julia, Meri, Gio, Bego, por cruzarnos en el camino.

Todos me habéis aportado algo y formáis ya parte de mí. Gracias por estar.

JENN

BLANCHOAK
ES LO QUE ERES
CUANDO TE SIENTES BIEN.
CUANDO ERES TÚ.